AF231658

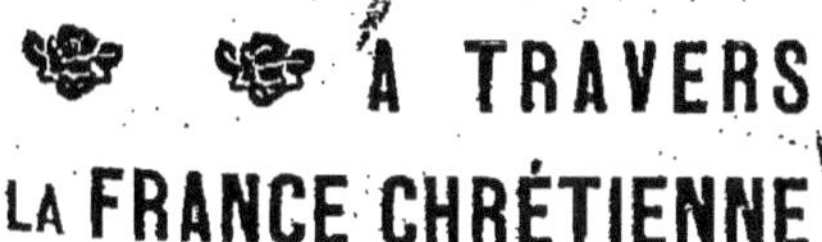

PIERRE DE LA GORCE

DE L'ACADÉMIE FRANÇAISE

À TRAVERS
LA FRANCE CHRÉTIENNE

PORTRAITS ET MÉLANGES

BLOVD ET GAY

A travers la France chrétienne

PIERRE DE LA GORCE

de l'Académie Française

À TRAVERS
la
FRANCE CHRÉTIENNE

Études et Portraits

BLOUD ET GAY, ÉDITEURS

PARIS

3, RUE GARANCIÈRE, 3

SUCCURSALES

BARCELONE,
CALLE DEL BRUCH, 35

DUBLIN,
20, SOUTH ANNE STREET

1920

PRÉFACE

Les écrits qu'on a rassemblés ici ont été composés à diverses époques et en divers lieux. Mon dessein n'était pas de les réunir en volume. Des amis très autorisés en ont jugé autrement. Ils ont estimé qu'il y avait intérêt à garder, sous une forme moins fugitive que celle d'un article de journal ou de revue, le souvenir de ce grand évêque que fut Mgr Lobbedey, de ces jeunes gens accomplis que furent les frères de Gailhard-Bancel, de cet admirable homme de bien qui se nommait Philibert Vrau, de ces saintes religieuses que sont les sœurs de Marie-Auxiliatrice. Après quelque hésitation, je me suis décidé à écouter ces bienveillantes suggestions. A ces fragments, j'ai cru opportun d'ajouter quelques allocutions prononcées jadis en des auditoires de jeunesse. C'est ainsi que j'offre aujourd'hui ce volume au public. Je le lui offre avec une double ambition, à la fois très haute et très modeste : la première est de proposer de salutaires exemples aux générations nouvelles ; la seconde est de contribuer, pour ma faible part, à faire connaître ce que notre pays de France, si souvent calomnié, recèle en lui d'humbles dévouements, de viriles tendresses, de patriotique abnégation et d'héroïques vertus.

Paris, 8 juillet 1920.

AVANT LA GUERRE

LES DEVOIRS DE LA JEUNESSE

ALLOCUTION
PRONONCÉE A LA SÉANCE DE CLOTURE
DE LA CONFÉRENCE OLIVAINT
le 28 mai 1909.

MESSIEURS,

Je vous remercie de m'avoir appelé au milieu de vous. En vous entendant, il m'a semblé, sous l'évocation magique des souvenirs, que pour un instant je redevenais jeune comme vous. Dans ma mémoire sont revenues à la surface toutes sortes de réminiscences, vieilles de plus de quarante ans. Il y a quarante ans, nous avions, nous aussi, nos réunions, nos conférences, et presque aux mêmes lieux ; dans le cadre de cette salle je revois d'autres salles qui nous furent hospitalières et qui aujourd'hui sont détruites ; à travers vos visages, je retrouve d'autres visages alors tout brillants de jeunesse et très affectionnés ;

je fixe les noms à mesure qu'ils me reviennent
à l'esprit : plusieurs de ceux auxquels je
pense sont peut-être vos proches parents,
car les générations qui se succèdent viennent
souvent s'asseoir aux mêmes places. Puis je
me remémore nos études, nos jeux, nos
entretiens, nos promenades, en ce quartier-ci
même où nous nous reconduisions dans des
conversations sans fin ; je ressens vibrer
nos croyances, nos espoirs, nos enthousiasmes ;
et j'ai peine à secouer l'illusion, à écarter le
rêve, à me figurer que tout cela est loin, bien
loin, tout embrumé dans le passé, et qu'entre
tous ceux auxquels je songe la plupart sont
déjà parmi les morts.

Un ancien, — surtout lorsqu'il est si ancien
que moi, surtout quand il pourrait être non
seulement le père mais presque le grand-père
des plus jeunes d'entre vous, — un ancien a,
dans une certaine mesure, le droit de conseil.
Userai-je de ce droit de conseil ? je l'ose à
peine, tant votre jeunesse paraît bien équilibrée, vaillante, laborieuse, vraiment virile,
tant vos travaux dont je viens d'entendre
le si vivant compte rendu attestent de maturité ! J'essaierai pourtant. Dans l'existence
humaine, il y a sept ou huit années qui sont
décisives pour toute la carrière : cette période
est celle qui s'étend entre dix-huit et vingt-six
ans. Plus tôt, c'est la vie de collège où ne se

dessinent guère que les premiers linéaments. Plus tard, c'est la vie professionnelle, la vie de famille qui nous saisit dans son engrenage et relègue au second plan l'étude proprement dite et les idées pures. Entre dix-huit et vingt-six ans se place la véritable époque de haute formation, celle où l'homme, déjà en pleine possession de lui-même quoique très jeune, non encore enlisé dans les soucis matériels, peut jeter à pleines mains dans son intelligence et dans son cœur toutes les semences qui lèveront plus tard. Combien n'importe-t-il pas que ces semences soient bonnes, saines, vraiment fécondes !

*
* *

Pour cette haute formation intellectuelle, qui est aussi une formation morale, laissez-moi, tout d'abord, non pas vous donner un avis, mais vous suggérer une règle générale. Cette règle générale, la voici : ayez le culte des idées simples et claires ; ne dites ou n'écrivez que ce que vous comprenez bien ; et entre plusieurs idées persuadez-vous que la plus simple est presque toujours la meilleure. N'adoptez une idée, que quand vous sentirez que vous la tenez bien dans votre cerveau, comme on tient un objet dans les mains. Meublez votre intelligence, ne la surchargez pas. Nos pères, nos grands-pères surtout, se contentaient souvent de tracer des contours ; ils dessinaient de merveilleux cadres, mais il faut avouer qu'ils ne les remplissaient point assez. Nous, à ce début du XXe siècle, je crains que nous ne tombions dans l'excès contraire et que la recherche de l'érudition, de la documentation, ne nous fasse verser parfois dans la confusion. Nous subissons dans nos études les influences étrangères, particulièrement celles de la science allemande. C'est un contact dont il faut se méfier. Dans ce commerce nous n'acquerrons pas les qualités de nos voisins, et nous risquons d'altérer nos belles qualités françaises faites de netteté, de simplicité, de pétillement malicieux et de bonne grâce émue ; nous risquons d'obscurcir ces belles flammes claires et lumineuses que nos pères ont, d'âge en âge, fait luire sur les hauteurs, comme autant de phares où les autres nations ont jadis allumé leurs propres flambeaux. La vraie science consiste, moins à savoir beaucoup qu'à hiérarchiser ses connaissances, c'est-à-dire à tenir fermement quelques idées fondamentales, puis à grouper autour de ces idées maîtresses les idées secondaires, autour des idées secondaires les idées moindres, jusqu'à ce que de classement en classement on néglige le reste comme déchet inutile. C'est souvent, croyez-moi, une opération intellectuelle très saine que de s'alléger le cerveau et de déposer à terre le superflu de l'érudition. *(Applaudissements.)*

Voulez-vous me permettre une anecdote ? Je me rappelle qu'autrefois, bien autrefois, à la Sorbonne, j'entendis un examinateur — c'était, je crois, Saint-Marc-Girardin — interroger au baccalauréat. Il interrogea un candidat sur la géographie, et le candidat répondit bien. Alors il poussa les questions jusqu'aux détails les plus minutieux, les plus puérils même. Le candidat resta muet. Il y eut un assez long silence, et le malheureux collégien ne laissait pas que d'être un peu inquiet, quand Saint-Marc-Girardin le rassura d'un bon sourire et lui dit : « Je vous donne une très bonne note pour ce que vous savez ; puis je vous en donne une bien meilleure encore pour tout ce que vous avez eu l'esprit de ne point apprendre. » Et il ajouta un peu plus haut comme s'adressant à la galerie : « Quelle belle chose que de savoir discerner ce qu'on doit ignorer ! » *(Applaudissements.)*

***

Permettez-moi de suivre cette formation, cette précieuse formation intellectuelle et morale qui s'accomplit entre dix-huit et vingt-six ans. Dans votre éducation vraiment française, vous tiendrez fortement quelques idées claires, nettes, simples, qui seront comme votre base. Cette base, vous ne la laisserez point ébranler. Je vous ai exhortés à vous méfier de la confusion qui nait de l'entassement. Défiez—vous, je vous en prie, d'un autre ennemi : l'éclectisme. L'éclectisme est le défaut des gens très bien élevés, et à ce titre, il pourrait bien être le vôtre. Il semble que l'éclectisme, si l'on s'en rapporte à l'étymologie du mot, consiste à exprimer le meilleur suc de toute chose, et à faire son propre suc avec toutes ces substances choisies. Ce serait merveille. Dans la pratique, ce n'est point cela du tout. L'éclectisme, dans la pratique, consiste en une série de concessions que les beaux esprits, les gens de salon, tous ceux qui marchent sur la pointe des pieds et ont toujours peur de briser quelque chose, se font entre eux, trop souvent aux dépens de la justice qui de sa nature est un peu rude, aux dépens des notions simples et claires qui gênent précisément parce qu'elles sont trop claires, aux dépens de la vérité qui de sa nature est une et ne veut pas plus être entamée que la robe sans couture du Christ. Toutes ces petites compositions, dont l'éclectisme est fait, sont consenties en général par goût de conciliation, le plus honnêtement du monde. On ne dirait pas deux et deux font cinq, pas même deux et deux font quatre et demi, pas même deux et deux font quatre et quart ; mais si l'on entend dire que deux et deux font quatre et un dixième, on n'ose contester pour si peu de chose et on sourit d'un sourire obligeant qui prend un air d'acquiescement. Ainsi trompe-t-on — très honnêtement, je le répète — les autres et soi-même. On croit être conciliant : on ne fait que bâtir en réalité une légion de petites tours de Babel. On crée entre les opinions des espèces de moyennes, c'est-à-dire qu'on les énerve toutes. On évite une dispute, mais on entr'ouvre la petite fissure qui, s'élargissant bientôt, laissera passer tout le torrent des sophismes. Dans cette haute formation qui doit être le souci de votre jeunesse, évitez cet éclectisme, autant que vous pratiquerez d'ailleurs la bonne grâce, la tolérance, l'équité, et dites-vous bien que dans l'ordre moral, le bien est le bien, le mal est le mal, que dans l'ordre religieux la vérité est une, et que dans l'ordre intellectuel deux et deux font quatre, sans plus. *(Applaudissements.)*

***

Un moment viendra où, la période de préparation étant achevée, vous vous disperserez, chacun de votre côté, pour la vie. Ici mon

regard se tourne vers Dieu, qui, en des desseins
que nous n'avons pas le droit de pénétrer,
a voulu que vous viviez dans un temps agité.
Vous n'avez pas à murmurer contre cette
condition dure, mais à l'accepter virilement.
Vous aurez à vous demander, non pas si vous
servirez avec dévouement Dieu, la patrie,
la vraie liberté — ceci je n'en doute pas, —
mais de quelle façon vous serez le plus effica-
cement les bons serviteurs de ces choses
sacrées.

Où, dans quelles conditions combattrez-vous
le bon combat ? Il y a d'abord une pensée
qui me tient au cœur, et que je voudrais vous
exprimer avec toute la puissance persuasive
de mon âme. Beaucoup d'entre vous sont
venus de leurs provinces. Plusieurs ont là-bas
un foyer héréditaire, une maison où ont vécu
les grands-parents et où ils sont morts, un
lieu d'élection, de prédilection, où la famille
s'est développée, où se sont alignés les berceaux, où se retrouvent peut-être sur les
murailles les traces qui ont marqué les tailles
grandissantes des enfants, où les jours heureux
et les jours sombres ont gravé leur empreinte,
où tout répète, comme par un écho non affaibli,
les *novissima verba* des vieillards et les premiers
vagissements des nouveau-nés, où chaque
génération a laissé quelque chose d'elle-même
comme un fleuve en coulant dépose sur ses

bords ses alluvions. Oh ! si vous avez ce grand bonheur de posséder un coin — petit ou grand, cela importe peu — mais un coin qui soit bien le vôtre, je vous en supplie, ne l'abandonnez pas ; revenez-y ; ne soyez pas volontairement des transplantés, des déracinés. Dans notre société démocratique à outrance, ne grossissez pas le nombre de ces petits grains de sable que le vent soulève et qui vont s'abattre au hasard, n'étant bons que pour être broyés. On aime aujourd'hui à invoquer ce qu'on appelle les *morts qui parlent*. Il me semble que si ceux qui vous ont précédés dans la vie pouvaient parler, ils vous diraient : Revenez près de nous ; nous vous communiquerons notre force ; nous en avons une, même du fond de notre tombe, celle de nos exemples, celle de la solidarité qui unit dans une même famille les vivants et les disparus. *(Applaudissements.)* Oui, si vous avez cette fortune, de plus en plus rare, de garder dans la grande patrie une petite patrie, revenez-y. Ne dites pas : nul n'est prophète en son pays. C'est un sot proverbe ; et puis on ne vous demande pas d'être prophète dans votre pays ou ailleurs. Les prophètes, c'est fait pour prédire l'avenir, et Dieu et les hommes ne vous demandent que d'être un bon travailleur dans le présent. — Ne dites pas non plus : la province est délais-

sée. On vous répondra : elle n'est délaissée
que parce que plusieurs raisonnent comme
vous. — Ne dites pas : là-bas, je vais m'enliser
dans la torpeur. Ne s'enlisent que ceux qui
le veulent bien, et le pays natal n'a coupé
les ailes qu'à ceux dont les ailes n'étaient
point faites pour pousser. *(Applaudissements.)*

** **

Donc revenez chez vous si vous avez le
bonheur d'avoir vraiment un chez vous;
et dites-vous : c'est ici que j'établirai ma
demeure ; c'est ici que, dans l'épreuve comme
dans le succès, dans la joie comme dans la
douleur, dans la sécurité comme dans le
péril, j'accomplirai ma journée pour Dieu.
Seulement, il y a une condition indispensable
sans laquelle vous ne conquerrez jamais ni
la haute estime ni l'autorité ; cette condition,
la voici : ne vous pressez pas, ne brûlez point
l'étape, ne soyez point envieux du temps,
n'arrivez pas avec le dessein proclamé de tout
réformer ; surtout, je vous en supplie, ne
jouez pas aux *classes dirigeantes* ; notre siècle
ne veut plus que des éminences grises, et
encore les éminences, fussent-elles grises,
sont bien vite dénoncées pour peu qu'elles se
croient éminentes. Voulez-vous me permettre
de vous fournir une recette que je crois bonne ?

Où que vous soyez, appliquez-vous tout
d'abord à être le meilleur dans votre profession.
Si vous êtes avocat, soyez le meilleur avocat ;
si vous êtes médecin, soyez le plus conscien-
cieux et le plus instruit ; si vous êtes notaire,
soyez le plus discret et le plus délicat ; si vous
êtes industriel, soyez le plus entendu et aussi
le plus loyal en affaires ; si vous êtes agricul-
teur, soyez le plus ordonné pour ne rien laisser perdre et aussi le plus généreux pour faire
la part du pauvre. Oui, soyez d'abord de
bons professionnels. C'est alors, qu'après avoir
conquis solidement la considération publique,
vous pourrez, toutes vos armes étant forgées,
engager le bon combat. *(Applaudissements.)*

Combattez-le avec une indomptable persévérance en vous rappelant ce beau mot de
Saint-Cyran : Il n'y a rien de tel que les
humbles et les doux, quand une fois ils se
sont émus pour la cause de la vérité et de la
justice.

Ne dites jamais : Nous sommes minorité.
Souvenez-vous du mot de Jésus dans l'Évangile : « Quand vous serez deux ou trois réunis
en mon nom, je serai au milieu de vous. »
Vous voyez qu'Il n'a pas parlé de majorité.
Si vous êtes deux ou trois, souvenez-vous du
Divin Maître ; ne vous comptez pas, mais
hardiment commencez. On n'imagine pas
tout ce que peut pour le bien ou pour le

mal la plus petite poignée d'hommes, à la condition qu'ils aient l'union, la persévérance, le courage. En une vingtaine d'années, dans une région que je connais bien, j'ai vu un canton absolument bon devenir absolument mauvais par la seule influence de trois hommes. A l'inverse, dans la même région, j'ai vu un autre canton presque subitement retourné de mal en bien par l'action, non, pas de trois hommes, non pas de deux hommes, mais d'un seul, qui malheureusement est mort trop tôt, mais qui savait vouloir et qui surtout savait oser.

Ne dites jamais : Il n'y a rien à faire. Cela, c'est le langage des égoïstes ou tout au moins des faibles ; c'est le langage de ceux qui ne trouvent jamais l'heure propice et qui, quand bien même le fruit tomberait de l'arbre, trouveraient encore qu'il n'est pas mûr.

Ne dites jamais : Nous serons vaincus. D'abord, qu'en savez-vous ? Les chances de la fortune sont aussi nombreuses qu'imprévues à qui sait supporter le fardeau passager des mauvais jours. Entre la foi qui transporte les montagnes et la charité qui subsistera quand tout le reste aura péri, il y a l'espérance, magnifiquement encadrée entre ses deux sœurs divines, mais si bien encadrée qu'elle est un peu débordée et qu'on est parfois tenté d'oublier qu'elle est divine aussi. Pratiquez cette belle vertu d'espérance ; qu'elle soit pour vous, non comme un parfum léger qui s'évapore dès qu'on découvre le vase qui le contient, mais comme un viatique généreux qui soutient pendant tout le cours d'une longue vie. Que cette espérance soit la force de la jeunesse comme elle est le baume des vieillards. *Dum spiro, spero.* Puis, dussiez-vous être vaincus, dites-vous bien que le grand mal réside, non dans la défaite, mais dans la lâcheté qui refuse le combat. *(Applaudissements.)* J'ai un peu étudié l'histoire, et j'ai toujours vu les plus beaux regards de la sympathie humaine, les plus purs rayons de l'honneur se poser sur les vaincus aussi bien que sur les victorieux. Être vaincu, c'est tout perdre pour qui n'a que l'habileté, parce que l'habileté, force courte et secondaire, est tenue de réussir. Mais quand on combat pour Dieu, pour son Église, pour son pays, on peut connaître la disgrâce, jamais la honte. Aimez assez votre cause pour que la joie de la servir soit, s'il le faut, pour vous, une suffisante récompense. Ne déployez pas à tous propos votre drapeau, mais ne le cachez pas non plus. Fuyez les coalitions douteuses ; les catholiques y perdent toujours. Ayez des alliés, mais ne vous absorbez point en eux. Acceptez les concours et même recherchez-les, mais sans sacrifices essentiels de principes ou d'idées, et ne soyez point la petite rivière qui humblement va se jeter dans le fleuve, mais le fleuve qui reçoit les rivières et garde avec obstination l'individualité de ses eaux. (*Longs applaudissements.*) Ne mentez jamais et faites un ferme propos, celui de garder toute votre vie, dût cette vie être très longue, la virginité de votre honneur. Surtout voyez les choses largement, par masses ; ne sacrifiez jamais vos principes à un petit succès ; ne dédaignez pas la politique au jour le jour, mais ne lui subordonnez jamais la politique des principes, la politique chrétienne et nationale. Travaillez, non pour un jour, mais pour une époque, regardez haut et loin ; et que votre devise soit celle qu'on voit sur plusieurs blasons de la noblesse de France : « Pour l'avenir ! » (*Applaudissements.*)

*
* *

Cet avenir, coloré de rayons heureux, nous, vos aînés, nous ne le verrons sans doute point ; mais vous, les jeunes, il vous sera sans doute donné de le contempler, de recueillir enfin un souffle de victoire et d'en remercier Dieu. A ce Dieu que vous avez invoqué au commencement de cette séance — et vous ne sauriez croire combien cette invocation m'a édifié — j'adresserais volontiers en finissant la prière que voici : je lui dirais : Mon Dieu, notre génération, celle qui achève de disparaître, a été, entre toutes, l'une des plus disgraciées. A peine arrivés à l'âge d'homme, nous avons vu notre patrie mutilée. A la suite de cette grande épreuve, beaucoup d'entre nous avaient formé un beau rêve, celui d'une magnifique réconciliation nationale, celui d'une magnifique fusion entre ce que le présent avait de meilleur et ce que le passé avait de plus glorieux. Au moment où nous croyions le saisir, le rêve s'est évanoui. Nous nous sommes repliés dans notre foi chrétienne, chose éternelle celle-là, et nous nous y sommes attachés avec toute la ténacité de nos espérances ! Hélas ! entre toutes les libertés, la liberté religieuse a été, dans ces dernières années, la plus battue en brèche. Et c'est ainsi que nous avons vieilli, toujours reculant. Nous avons connu tous les déboires : les carrières brisées, l'impuissance devant le mal, le lent et lourd supplice de la maturité inemployée. Nous ne murmurons pas contre cette accumulation d'épreuves. Du moins, que nos mécomptes, nos attentes vaines, nos espoirs trompés soient la rançon de ceux qui viendront après nous ! Qu'ils recueillent en superflu de bénédictions ce que nous avons connu en excédent de douleurs, et qu'un jour, fût-ce bien tard, fût-ce bien longtemps après nous, ils puissent, toutes choses étant remises à leur place, se reposer en un régime de tolérance, de paix civile, d'union loyale entre tous les hommes de bonne volonté.

LE SECOND EMPIRE

et l'Exposition Universelle de 1867 [1].

J'ai entendu un jour une jeune femme
demander à un portraitiste à quelle époque
de la vie il convenait le mieux de se faire
peindre. Celui-ci répondit : « De suite, si vous
voulez une image flatteuse ; mais si vous
souhaitez une image tout à fait vraie, attendez
jusqu'à quarante-cinq ans. » Et il ajouta,
avec plus de clairvoyance peut-être que de
souci de plaire : « Cette époque est bien la
plus propice pour l'entière fidélité. Sur le
visage on saisit encore la jeunesse, et déjà on
surprend les premiers signes de décadence. De
là, pour le peintre, un instant presque unique :
à ce moment, il peut fondre ensemble tout
ce que son œil voit, tout ce que son intuition
pénètre ; il peut mêler l'éclat de ce qui subsiste
à la mélancolie de ce qui déjà décline ; il peut,
en un mot, fixer une empreinte définitive où
l'homme jeune se retrouve, où le vieillard se

(1) Conférence donnée à la Société des Conférences
le 31 mars 1911.

reconnaîtra et où se montrera, comme translucide à travers les traits matériels, l'âme elle-même. »

A la période du *second Empire* ne pourrait-on pas appliquer ces paroles ? Le *second Empire*, il serait imprudent de le peindre à son début, car il laisserait l'idée d'une force un peu surfaite ; il serait cruel autant qu'injuste de le représenter dans ses derniers jours, car on emporterait l'image d'un effondrement lamentable et en partie immérité. Entre les deux se place l'époque intermédiaire, celle où dans les dehors rien n'est altéré, mais où déjà sous la force se cache la faiblesse, sous l'éclat la fragilité. Ce n'est plus l'apogée, ce n'est pas encore la décadence, mais l'heure où l'on peut doser le bon, le moins bon, le mal même et, en faisant une moyenne de tous ces éléments, poursuivre, réaliser peut-être une image fidèle.

En cette époque intermédiaire elle-même, une année s'offre plus propice que les autres, c'est celle de l'*Exposition universelle de* 1867. Comme on ferait devant un appareil photographique, la société impériale pose alors devant la France, l'Europe, la postérité. Elle étale tout, son industrie, ses mœurs, ses goûts, ses modes, son théâtre, ses opinions, ses aspirations, sa politique. Elle se dévoile, sans aucun souci de discrétion et surtout sans aucune hypocrisie ; car avant tout elle n'est point pharisienne, et si elle cache quelque chose, ce sont ses vertus.

I

Cette grande fête de l'Exposition, où devait se refléter le règne tout entier, fut d'une préparation laborieuse. Il fallut d'abord trouver un emplacement. En 1855, on s'était contenté du Palais de l'Industrie aux Champs-Élysées : mais chaque exposition n'a de raison d'être que si elle surpasse sa devancière, et c'est même là le grand embarras. Donc, on se mit en quête d'un lieu d'installation plus spacieux. On songea à la plaine Monceau, à la plaine de Courbevoie ; enfin, après bien des pourparlers, le Champ de Mars fut choisi. Ainsi décida la commission impériale. Cependant, cette commission elle-même ne fonctionnait pas sans à-coups. La présidence avait été confiée dès 1865 au prince Napoléon ; mais celui-ci, assez périodiquement, se brouillait, se réconciliait, se rebrouillait avec le souverain. Justement, sur ces entrefaites, le baromètre des relations de famille descendit de beau temps à tempête, et un jour le prince, de merveilleuse intelligence, mais tout en bourrasque, se démit de sa charge. La présidence fut alors déférée au Prince impérial ; il avait dix ans. M. Rouher, à la vérité, était vice-président ; mais quelle que fût sa merveilleuse puissance de travail et d'assimilation, il avait assez à faire au Corps législatif. En réalité, tout le fardeau retomba sur le commissaire général, M. Le Play, ingénieur, économiste et sociologue, auteur d'ouvrages longuement médités où se formulaient des réformes austères. Tant de gravité ne laissa pas que d'effrayer un peu, et les plus folâtres se mirent à dire avec un désappointement boudeur : « Décidément, l'Exposition sera belle, mais à coup sûr on ne s'y amusera point du tout. »

On n'était pas au bout des craintes. L'Exposition avait un autre ennemi : la menace du choléra. Il s'était abattu sur la ville en l'automne de 1865 ; il était revenu en 1866 ; ne reparaîtrait-il pas en 1867 ? Enfin un plus sérieux sujet d'alarmes résidait dans l'état des affaires extérieures. Il y avait eu de 1859 à 1862 la question italienne, en 1863 la question polonaise, en 1864 la question des duchés de l'Elbe, en 1865 la question austro-prussienne. L'année 1866 avait été celle de Sadowa. Quel serait l'événement de 1867, et trouverait-on l'intervalle d'une saison pour se réjouir en paix, comme on trouve en temps de pluie une heure pour sortir entre deux averses ?

Pendant ce temps, du sol sablonneux du Champ de Mars les constructions s'élevaient.

Il est malaisé de décrire par des mots ce qui ne se grave bien que par un dessin ou une image. J'essaierai pourtant. Le plan général était celui d'un vaste parc semé de kiosques ou de pavillons, aménagés les uns pour l'utilité, les autres pour l'effet pittoresque, la fantaisie et le plaisir. Au milieu de ce parc s'édifiait — avec beaucoup de hâte car on se sentait en retard — les palais de l'Exposition proprement dite. C'était une immense construction circulaire, sans étage, d'un ovale très prononcé, qui couvrait à elle seule une étendue de plus de seize hectares et qui, perpendiculaire au fleuve, s'allongeait de la Seine vers l'École militaire. Aucun ornement d'architecture, soit par sévérité, soit par économie. Si l'apparence était peu élégante, la disposition intérieure était fort ingénieuse. Elle consistait en une série de cercles concentriques, avec voies rayonnantes traversant les secteurs successifs. Chacune de ces galeries circulaires serait consacrée à une nature spéciale de produits. La galerie la plus éloignée du centre serait la galerie des machines ; puis viendraient, sur un espace de plus en plus réduit, les diverses galeries, celle des matières premières, celles du vêtement, du mobilier, des arts libéraux, enfin celles des beaux-arts et de l'histoire du travail. Tandis que ces zones concentriques seraient consacrées chacune à l'une des grandes classifications de l'industrie, les voies rayonnantes sépareraient entre elles les expositions des divers peuples. Suivant ses goûts ou l'objet de ses travaux, le visiteur pourrait donc, pour explorer le palais, adopter deux méthodes également logiques. Que s'il suivait chaque cercle concentrique, il rencontrerait tous les produits de même nature ; que s'il suivait les voies rayonnantes, il étudierait toutes les productions diverses d'une même nation. Telle serait, dans ses lignes principales et dans son aspect matériel, l'Exposition de 1867.

Mais cette Exposition, la verrait-on jamais ? A la fin de mars 1867, toutes les pensées qui s'orientaient vers la paix furent tout à coup et violemment rejetées vers la guerre.

Tous les contemporains ont conservé le souvenir de la chaude alerte. L'Empereur qui, après les agrandissements italiens, avait réclamé la réunion de la Savoie, souhaita, après les agrandissements prussiens, l'acquisition du Luxembourg. La prétention était modeste. Les pourparlers furent poussés très loin. Une convention fut même préparée avec le roi de Hollande qui, en qualité de grand-duc, régnait sur la principauté. Cependant le Luxembourg avait fait partie de la Confédération germanique ; il avait accédé au Zollverein ; une garnison prussienne occupait la

forteresse qui, en 1815, avait été déclarée
place fédérale. A la première nouvelle de la
négociation, les passions germaniques firent
explosion. Que voulait M. de Bismarck ? A ce
début on ne le savait pas bien, et là résidait
le grand sujet d'inquiétude.

C'est au milieu de ces alarmes que s'inaugura
l'Exposition universelle. C'était le 1er avril.
A une heure et demie, l'Empereur partit des
Tuileries ; à deux heures, il descendit devant
la grande entrée du Champ de Mars. Aux
décorations extérieures rien ne manqua, ni les
drapeaux associés de toutes les nations, ni les
écussons, ni les oriflammes, ni les mâts véni-
tiens couronnés d'aigles. Rangés en face de
leurs sections respectives, les commissaires de
chaque pays s'apprêtaient à faire les honneurs
de leur industrie nationale. Aucune pompe
ne réussit à dissiper la tristesse des choses.
On eût dit le baptême d'un enfant chétif qui
sans doute ne vivra pas. Il y eut quelques
acclamations, juste assez pour souligner le
silence. L'Empereur parcourut les galeries,
bon comme toujours et bienveillant, feignant
de voir, ne voyant rien, et impuissant à
maîtriser une pensée tout occupée ailleurs.
A cette heure-là même, à la Bourse, on discutait
les nouvelles, et tandis que la rente résistait
bien, les autres valeurs s'effondraient en des
baisses qui variaient entre 10 et 45 francs.

D'Allemagne les journaux étaient arrivés, répétant que le Luxembourg était terre germanique, que la garnison prussienne ne se retirerait pas. Ce jour-là, 1er avril, les mêmes déclarations se retrouvaient au Reichstag en un discours de M. de Benigsen, et la réponse de M. de Bismarck, quoique modérée, n'était propre à rassurer qu'à demi. En ces conjonctures, tous les regards se tournaient vers le ministre de Prusse à Paris, M. de Golz, très en faveur à la cour des Tuileries. Celui-ci ne se lassait pas de répéter qu'il serait ridicule, oh oui ! très ridicule, de se faire la guerre à propos du Luxembourg ; il ne ménageait guère M. de Bismarck qu'il n'aimait pas et qui le lui rendait bien, protestait de son dévouement pour l'Empereur, de son attachement passionné pour l'Impératrice. Si on le pressait davantage, il se dérobait, fixait à terre en une attitude équivoque ses petits yeux perçants, riait d'un rire bruyant, saccadé qui ne respirait pas la gaîté et ne l'inspirait pas davantage ; puis il s'égarait en quelques paroles banales qui ne voulaient rien dire, soit que vraiment sa consigne fût le silence, soit qu'en réalité il ne sût rien. A ces soucis s'ajoutaient pour Napoléon d'autres tristesses : celle de son fils naguère malade, à peine convalescent, et qu'on venait de transporter à Saint-Cloud ; puis celle du Mexique, permanent sujet d'inquiétude. Le 11 mars s'étaient embarqués pour la France les derniers bataillons du corps expéditionnaire ; et l'insuccès se gravait à la fois par deux images : Bazaine qu'on allait revoir, Maximilien qu'on ne reverrait plus.

Les jours suivants, le public se porta vers le Champ de Mars, mais avec une mélancolie obstinée. De la bise, de la pluie, un temps maussade : beaucoup de caisses à peine déclouées, beaucoup de vitrines à moitié vides. On vit des étrangers défaire puis refaire leurs malles, en face des hôteliers consternés. Et toujours couraient les rumeurs de guerre. Les journaux allemands demeuraient provocants. Ainsi qu'on eût fait à la veille d'un siège à soutenir, les Prussiens réparaient fiévreusement la forteresse du Luxembourg. Les vieux Luxembourgeois se rappellent même que, les journées ne paraissant pas assez longues, le travail se continuait la nuit, à la lueur des lumières qui piquaient l'horizon depuis les fossés jusqu'au faîte des remparts ; et cela pour la réparation de cette citadelle qui d'ailleurs appartenait au roi de Hollande, qui de plus avait été récemment presque cédée à la France, et que par surcroît la Prusse n'occupait qu'en vertu de l'acte de 1815, acte que cette même Prusse, l'année précédente, avait déclaré aboli.

Enfin tout s'apaisa. Décidément Dieu protégeait encore l'Empire. Une conférence se rassembla : il fut statué que la France renoncerait au Luxembourg, mais qu'en revanche la Prusse évacuerait la forteresse et que la principauté deviendrait état neutre. Dès lors plus de conflit, partant plus d'entraves. On était au mois de mai. C'est le mois le plus brillant de Paris ; jamais il ne fut si beau.

Ce fut un changement à vue, brusque, subit, complet. Tous ceux qui s'étaient éloignés revinrent. Tous ceux qui par prudence avaient ajourné le départ se mirent en route. La nature, longtemps revêche en un printemps maussade, se rasséréna comme les hommes. Et la ville apparut, coquette, tout avenante à ses hôtes, toute parée pour eux, spacieuse avec ses voies larges nouvellement ouvertes, ornée de cette fraîche verdure qui semble d'autant plus charmante qu'on sait qu'elle ne durera guère, assez grande pour provoquer l'admiration, point assez pour écraser, faite à cette juste et harmonieuse proportion où se retrouve le génie de la France.

Je voudrais, sans me flatter d'y parvenir, recomposer d'après le spectacle du Champ de Mars, d'après la foule bigarrée qui s'y presse, le monde d'alors, aujourd'hui en grande partie disparu. Elle est malaisée à saisir, cette société impériale, tant elle fut mobile, mêlant le plaisir à la bienfaisance, le frivole au sérieux, tout ensemble s'affolant de divertissements et se pénétrant d'émotions ; aimable, hospitalière ; quelque peu infatuée d'elle-même, mais point jusqu'à la suffisance déplaisante ; aimant la vie, la trouvant bonne et belle, en usant, en abusant parfois ; légère point jusqu'à la débauche, jouisseuse point jusqu'à la corruption ; aimant plutôt à côtoyer les abîmes comme les enfants aiment à marcher sur le bord des trottoirs ; laborieuse plus qu'on ne croit ; sage à ses heures et d'une sagesse qui plaît parce qu'elle n'a rien de pédant, ni d'apprêté ; très clairvoyante par accès, puis se reployant sur elle-même avec un reploiement d'autruche qui ne veut pas voir ; toute gracieuse avec des sourires, des rires, des éclats de rire, des larmes aussi, mais qui se sèchent vite comme les gouttes de pluie sur les ailes d'un oiseau.

II

Une certaine futilité, mais beaucoup de bonté aussi, telle est l'une des marques du second Empire, l'une de celles qui frappent le plus. Qu'on parcoure l'Exposition, et, sous une forme très visible, ce double trait apparaîtra.

L'un des plus graves rédacteurs du *Journal*

des Débats disait en juin 1867 : « Si vous voulez bien voir l'Exposition, suivez les femmes. » Elles sont nombreuses qui se pressent aux guichets d'entrée. Elles sont charmantes en leurs frais atours de printemps. Le temps commence à passer des horribles crinolines et de ces jupes qu'on relevait avec des cordons comme on ferait pour des stores de fenêtres. Passé aussi le temps de ces soieries à larges dessins, superbes de richesse et de coloris, mais plus seyantes pour les tentures que pour le vêtement. Passée pareillement la mode des pesants cachemires, des lourds manteaux épais comme des moquettes de foyer. La toilette s'est allégée, s'est amincie. Et c'est ainsi que, tout agiles et alertes, les jolies visiteuses s'engagent dans les galeries. Elles se gardent de suivre l'ordre méthodique. Cela est bon pour les Anglaises qui ne sont que l'accessoire de leur Baedeker. Elles, elles dédaignent les anneaux circulaires, et vont droit à ce qui brille, les cristaux, les porcelaines, les tapis, les vitraux. Elles font groupe à l'exposition de l'orfèvrerie et masse compacte à l'exposition des toilettes. Cependant les plus impatientes se hâtent vers une galerie que remplit une foule sans cesse renouvelée : là on entend un bruit continu de frou-frou, de petites exclamations qui se heurtent, de jolis murmures admiratifs. C'est l'exposition des diamants, et il n'est pas une femme qui n'en veuille rassasier ses yeux. — Voilà la visite futile. Mais voici presqu'aussitôt le contraste. La visite se poursuit. On arrive aux dentelières des Flandres ou de l'Auvergne, aux brodeuses des Vosges ou des cantons suisses de Saint-Gall ou d'Appenzell. Les regards s'abaissent pour contempler de plus près toutes ces merveilles, et en même temps à l'admiration se mêle un commencement de remords quand on songe à tant de tailles frêles qui se sont courbées sur l'ouvrage, à tant de jeunes yeux qui se sont usés à la tâche. On suppute le fini de l'œuvre, le prix minime de l'œuvre elle-même, et les jolies têtes, devenues tout à coup réfléchies, s'éclairent d'un doux rayon de compassion. — On continue la route. Voici, hors des galeries, dans le parc, l'exposition des crèches ; et le cœur maternel se sent tout doucement remué. Plus loin, c'est l'exposition des maisons ouvrières : on suppute l'étendue des pièces, on calcule l'aération, et, en un bel élan de fraternité, on souhaiterait plus de lumière encore, plus d'air, plus d'espace, plus de bien-être. On rentre dans les galeries, et on tombe (sans la chercher peut-être beaucoup) sur l'exposition des objets populaires. En une file de salles s'alignent les chandeliers de zinc, les couverts en ruolz, les lits en bois blanc, les papiers peints à quinze centimes, les layettes à quinze francs, les berceaux d'osier, puis les jouets grossiers, les poupées en carton ; en un mot, tout le mobilier des jeunes ménages pauvres. A cette vue, la curiosité des visiteuses s'éveille et surtout leur cœur. Tout ce qu'il y a en elles de femme, de mère, d'épouse, vibre et s'attendrit. Chez elles naissent toutes sortes de résolutions subites et généreuses : avec une spontanéité charmante elles rêvent de s'approprier toutes ces menues richesses ; puis elles monteront l'escalier, elles pénétreront dans la mansarde, elles orneront de leur mieux l'humble demeure ; elles iront, les mains pleines de jouets, vers les enfants, elles les attireront sur leurs genoux, elles épanouiront la gaîté sur leur visage qui peut-être porte déjà la trace de la souffrance. Est-ce là tout à fait le bon grain de l'Evangile ? Sans doute, beaucoup de semences se dessécheront sur la pierre ; mais combien d'autres iront chercher la bonne terre et y fructifieront ? Et ce mélange de pensées frivoles et de charité touchante, c'est l'image de la société impériale. Elle subit les entraînements du plaisir, mais ne cesse d'être traversée par les sollicitudes de la bienfaisance. Elle danse, mais autant qu'elle peut, au profit d'une œuvre pie, pour les orphelins de la guerre (et comme il y a eu beaucoup de guerres, on n'a que l'embarras du choix), pour les Polonais, pour les Irlandais, pour les invalides du travail, pour les sinistrés, pour les inondés, et, suivant les époques, pour les Maronites ou bien encore pour les pupilles arabes ou kabyles de Mgr Lavigerie. On s'habille, on se rhabille, on se déshabille, on a de grandes chambres pour les robes et de petites pour les chapeaux ; mais qu'on entende parler d'enfants abandonnés, vite les yeux se mouillent de larmes, un peu avec la sensibilité des gens du XVIIIe siècle ; et vite aussi, des crèches, des salles d'asiles, des sociétés de charité maternelle. Toutes ces interventions sont parfois un peu impétueuses, dirai-je un peu étourdies. Un jour, l'Impératrice visite la maison des jeunes détenus de la Roquette. Elle y voit des adolescents en cellule qui s'étiolent ; aussitôt, dans un bel élan de compassion, elle s'indigne ; elle ne veut rien entendre ; elle fait honte de leur inhumanité aux magistrats, aux administrateurs, aux économistes : « Il faut, dit-elle, que les portes s'ouvrent, et elles s'ouvriront. » Aux Tuileries et dans les sphères officielles, on fait le bien un peu hâtivement, un peu trop entre deux essayages ou entre deux charades, mais on le fait. C'est à cette époque que s'élève pour les enfants malades l'*hospice Sainte-Eugénie,* pour l'éducation professionnelle des jeunes filles pauvres la *maison Eugène-Napoléon,* pour les ouvriers convalescents les *asiles du Vésinet* et de *Vincennes.* C'est alors aussi que se forme la *Société du Prince impérial* pour prêts aux ouvriers. C'est dans le même temps que l'Empereur subventionne, avec l'ordinaire générosité de son excellent cœur, la construction de cités ouvrières. On a calculé que, sur la liste civile, plus de cinq millions avaient été prélevés, en certaines années, pour les œuvres de bienfaisance. Et à la charité qui donne l'argent s'ajoute, à l'occasion, l'autre charité, celle qui se donne elle-même. Nous sommes en 1867. L'année précédente, a éclaté le choléra. A Paris et dans beaucoup de villes, on a vu, à la suite de l'Empereur, l'Impératrice visiter les hôpitaux : un jour même, au plus fort du fléau, elle est partie pour Amiens afin d'y visiter, d'y consoler les malades. Et, à ce beau geste de souveraine vaillante et de femme chrétienne, toute la France a applaudi.

III

Continuons. Un autre trait distinctif du second Empire, c'est l'éclat, un éclat un peu factice, mais très vif et qui très fortement attire le regard. Tout cet éclat du règne se concentre, avec un renchérissement d'apparences splendides, dans l'éclat de l'Exposition. Au mois de juin elle bat son plein. Tous les hôtels regorgent. Les étrangers refluent sur la rive gauche, et à la nuit envahissent les maisons meublées d'étudiants, quêtant une chambre, un lit, un lieu où poser leur malle et s'étendre eux-mêmes. Il y a foule dans les théâtres, cohue dans les restaurants. Chaque soir, les boulevards s'éclairent avec un tel scintillement de lumières qu'on n'a jamais vu pareil ébouissement. La statistique essayera plus tard de traduire en chiffres le succès. Elle dressera le total des billets d'entrée au Champ de Mars, plus de dix millions ; elle détaillera le nombre des exposants, plus de cinquante mille ; elle dénombrera les visiteurs princiers, et en comptera cinquante-sept. De ces princes, les plus puissants, le tzar Alexandre de Russie et le roi Guillaume de Prusse, sont arrivés. Et c'est une succession de fêtes : le 3 juin courses à Longchamp, le 4 juin gala à l'Opéra, le 6 juin bal à l'ambassade de Russie, le 9 juin fête à l'Hôtel de Ville, le 10 juin bal aux Tuileries et illumination du jardin, le 11 juin fête à Fontainebleau. Et de toutes les gares les étrangers continuent à se déverser sur la ville. Ces étrangers, pour peu qu'ils aient eu l'art de se faire classer parmi les étrangers de distinction, on les reçoit, on les fête, on les récompense, on les décore, surtout on leur montre tout. Ils sont comme chez eux, et même beaucoup mieux que chez eux ; car à la cour impériale aucun privilège ne vaut celui de l'extranéité. C'est qu'ils sont si amusants, ces hôtes venus de loin, avec les quipropos de la langue, avec le piquant de leurs mœurs, avec leur curiosité inlassable et qui achève de nous flatter ; car, s'ils souhaitent si fort nous connaître à fond, c'est tant ils nous admirent. D'où viennent-ils ? qui sont-ils ? où vont-ils ? on ne sait ; mais ce qu'il y a précisément de plus agréable, c'est qu'ils ne font que passer, ils passent en amusant ; on peut tout leur dire ; on n'a pas à craindre leurs indiscrétions, demain on ne les verra plus : « Ah ! disait un jour la princesse Mathilde à Sainte-Beuve, si un jour on fouille nos papiers, on verra que nous avons tendu la main à bien des coquins. »

Ces fêtes où le second Empire, se ressaisissant lui-même, jetait avant de disparaître tout son éclat, se résumèrent elles-mêmes en une fête suprême : ce fut la revue organisée à Longchamp en l'honneur du Tzar et du roi de Prusse.

Elle eut lieu le 6 juin. Elle est restée fameuse dans la mémoire des contemporains. Les chroniqueurs ont dit, en le grossissant je crois bien un peu, l'effectif des troupes. Ils ont dépeint les grands acteurs : Alexandre, superbe, élancé, assez semblable aux gravures de 1815 qui représentaient son aïeul ; Guillaume, aimable, s'appliquant à plaire, — quoique parlant un peu trop, à ce qu'on assure, d'un autre voyage fait en 1814, — tout électrisé d'ailleurs par le spectacle d'une revue, et aimant tant les soldats qu'il les aime, même étrangers, même ennemis de demain ; Napoléon, doux, tranquille, un peu affaissé sur son cheval, un peu absorbé, et poursuivant peut-être à cette heure ce magnifique rêve de fraternité internationale qui rend aujourd'hui attirante sa mémoire autant que fut dangereuse sa politique ; le jeune prince impérial, arrivant de Saint-Cloud, pâle encore, car il vient d'être malade, et représentant une charmante et un peu frêle espérance ; Guillaume allant au-devant de l'enfant et d'un beau geste de vieillard cordial l'attirant paternellement à lui ; puis les grands-ducs, le prince royal de Prusse, les autres princes, aussi nombreux que, dans les armées ordinaires, les généraux ; les officiers étrangers de toute nation, de toute langue, de tout uniforme, depuis l'habit rouge des Anglais jusqu'au burnous des chefs arabes ; et, parmi tous, M. de Bismarck sanglé dans son uniforme de cuirassier blanc ; enfin les cent-gardes, formant l'escorte et, dit un témoin oculaire, fulgurants comme les dieux de la fable.

La revue commença, puis le défilé. On vit alors ce que bientôt on ne reverrait plus que dans les gravures, c'est-à-dire l'ancienne armée française avec toutes les superfluités de sa parure, avec toutes ses coquetteries onéreuses et charmantes, avec toutes les différences de costumes et d'insignes qui, en distinguant les corps les uns des autres, les provoquaient à une émulation de bravoure. Bientôt toutes ces nuances se fondront dans une teinte uniforme, et le souci exclusif d'être redoutable fera oublier le soin d'être magnifique. Les régiments d'infanterie défilèrent dans l'ordre d'autrefois, avec les sapeurs à la barbe épaisse, au long tablier blanc, au large bonnet à poil ; avec le tambour-major tout doré, tout empanaché ; avec les cantinières, à la jupe d'un rouge écarlate ; avec les sous-officiers en serre-file, reconnaissables à deux ou trois chevrons ; avec les compagnies d'élite, grenadiers aux épaulettes rouges, voltigeurs aux épaulettes jaunes qui, en avant et en arrière, ouvraient et fermaient chaque bataillon. La cavalerie offrait un spectacle plus varié encore par le pittoresque mélange des sabretaches, des aiguillettes, des coiffures de toute sorte. On vit passer les carabiniers à la cuirasse ornée d'un soleil doré, les lanciers au schapska polonais, les dragons à l'habit vert et au plastron blanc, jaune ou rouge suivant les régiments ; puis ce fameux régiment des guides qui, en ses étourdissantes fantaisies, ses profusions, ses raffinements, incarnait toutes les splendeurs, tous les entraînements, toutes les prodigalités du second Empire. La revue fut aussi celle des souvenirs glorieux, sur lesquels aucun revers n'avait projeté son ombre. L'artillerie traînait des canons que les juges les plus compétents eussent estimé un peu vieillis ; mais c'étaient les canons de Magenta et de Solférino. Zouaves, fantassins, chasseurs à pied eussent peut-être été dépassés par d'autres armées pour la sévérité précise des manœuvres ; mais si les aînés de cette armée avaient pu parler, quels témoignages n'auraient-ils pas porté ! Ils étaient encore là, quoique bien diminués par les congés, par les retraites, par la mort, ceux qui jadis, en Crimée, avaient sauvé, au jour d'Inkermann, les Anglais en détresse, ou, collés au flanc de Sébastopol, avaient gravi les pentes du *Mamelon-Vert*, abordé le *Petit-Redan*, escaladé le bastion de Malakoff. Ils étaient là, — demeurés plus nombreux, — ceux qui, en Italie, avaient défendu pied à pied les bords du *Naviglio-grande*, emporté le village de Magenta, conquis la colline de Solférino. Ils étaient là aussi, les champions de la France lointaine, ceux qui avaient colonisé la Cochinchine, chanté le *Te Deum* dans la cathédrale de Péking, rassuré dans les montagnes du Liban les Maronites opprimés, occupé un à un les *cadres* de Puébla. Tous ces souvenirs étaient évoqués alors, fièrement, joyeusement. « Ce fut une magnifique solennité militaire », dirent les contemporains. Nous, nous disons : « Ce fut la dernière, au moins l'une des dernières revues de l'ancienne France impériale. » Et nous cherchons à remplir nos yeux de tout ce passé, comme on cherche, quand le temps a fait son œuvre, à recomposer les traits d'un être cher qui a disparu.

IV

De tout ce qu'on voit au Champ de Mars et dans Paris, une sensation se dégage, celle d'un monde hanté par deux images contradictoires : l'obsédante vision de la guerre et la passion humanitaire de la paix. Suivons dans un voyage à l'Exposition un Français venu des départements. Il entre dans les galeries. Son regard est aussitôt sollicité par un canon qu'il lui est impossible de ne pas remarquer, c'est le canon monstre sorti des usines Krupp. Il pénètre de la section prussienne dans la section française : il y voit, et à profusion aussi, des fusils, des caissons, des pièces d'artillerie, des tentes, des fours de campagne.

Il continue sa route, un peu soucieux et se disant que ce sera merveille si ceux qui ont rassemblé de si puissants moyens de détruire résistent à la tentation de les expérimenter. Cependant il quitte le palais du Champ de Mars, et, à pied sous le beau soleil de juin, remonte les quais de la Seine jusqu'au Palais-Bourbon. Il réussit à y entrer. C'est l'heure de la séance. Au bas de l'hémicycle, il aperçoit des hommes graves, préoccupés, de gros dossiers sous le bras, et qui, rassemblés en groupe, causent avec animation sans prendre cure des paroles indifférentes prononcées à la tribune. Il demande quels sont ces hommes ; on les lui désigne : ils s'appellent Mège, Larrabure, Gressier, Louvet, Talhouet, Dumiral, tous les ministrables de demain. Ce sont les membres de la commission militaire : ils ont reçu du Conseil d'État un projet pour accroître les forces de la France ; et les voici qui, avec une honnête anxiété, s'usent à effacer, à remanier, à rétablir, afin de doser ce qui doit être imposé de charges, ce qui peut être épargné de sacrifices. Notre voyageur sort, décidément soucieux. Il rentre dans son quartier, au centre de Paris. Chemin faisant, il s'arrête devant un étalage de libraire ; il y voit une brochure qui a paru trois mois auparavant, mais qui ne cesse de se vendre ; elle est intitulée : « *L'Armée française* en 1867, par un officier général ». Depuis longtemps, l'officier général est connu : c'est le général Trochu. Le provincial prend la brochure, et, le soir après dîner, revenu à son hôtel, il la lit. Il y voit développé, sous une forme un peu équivoque (est-ce d'un ami, est-ce d'un ennemi, qui sait ?), tout ce qu'on aurait dû faire, tout ce qu'on n'a pas fait, tout ce qui reste à faire si toutefois il n'est pas déjà trop tard. Il s'endort tout anxieux et son sommeil est hanté de rêves angoissés. Il rêve qu'il surgit une nouvelle question du Luxembourg, que l'Exposition ne s'achève pas, que le gros canon Krupp vomit ses projectiles sur Paris.

Voilà l'excès de l'inquiétude. Voici l'excès de la sécurité. Le lendemain, le touriste s'éveille. Il secoue la vision troublante. Il retourne à l'Exposition par les rues toutes propres, toutes gaies, toutes reposées dans la fraîcheur du matin. Tout respire le calme, la joie. Chemin faisant, il jette les yeux sur les murs ; il y découvre des affiches signées de noms très autorisés : des économistes, des journalistes, des jurisconsultes, des industriels, en outre des prêtres, des pasteurs, des rabbins, tous mêlés ensemble ; et ces affiches annoncent pour le mois suivant un grand Congrès international de la Paix. A l'entrée du Champ de Mars, il prend son ticket. Autour de lui sont des étrangers, des Anglais, des Italiens, des Péruviens, des Espagnols ; il y a surtout des Allemands, qui regardent tout, observent tout, notent tout, mais d'un air très placide, très bénin, et avec une bonhomie qui ne saurait être d'un ennemi. Derechef, le provincial parcourt les galeries, et cette fois avec un grand sentiment de sécurité rassérénée. Quand il est fatigué, il va s'asseoir au bout du parc, du côté de l'École militaire, là où un joli lac tout mignon, de beaux arbres transplantés tout grands, et de bons sièges renversés invitent au repos. Il achète un journal : c'est un journal d'opposition ; car ceux-ci se vendent plus que les autres et, autour de l'Empereur, on en gémit, ainsi que le révéleront plus tard les *Papiers des Tuileries*. Dans ce journal, on lit ces aphorismes : « l'excessive discipline tue le citoyen dans le soldat » ; « le meilleur rempart pour une nation, c'est la liberté » ; « la fraternité des peuples est la loi de l'univers ». A ce moment, dans le joli jardin, une valse de Strauss lance ses premières notes. En ce décor tout apaisant, qui pourrait garder dans les yeux l'image de la guerre ? L'après-midi s'écoule. Le voyageur quitte l'Exposition. Il s'arrête, comme la veille, aux étalages des libraires. Il n'y regarde plus la brochure de Trochu : d'abord il l'a déjà ; puis ce Trochu, comme les membres de la Commission militaire,

pourrait bien n'être qu'un trouble-fête. En
revanche, ses yeux tombent sur d'autres
livres : les romans humanitaires d'Erkmann-
Chatrian, ou bien encore le dernier tome paru
de l'*Histoire de Napoléon* par Lanfrey ; il
compose de tous ces volumes un ballot pour
charmer ses loisirs au retour. Cependant sur
les boulevards les cordons de gaz s'allument ;
il y court. Vers les *Variétés* la foule se presse.
Il suit la foule. Il arrive sous le péristyle. Une
affiche, largement étalée, annonce la *Grande-
Duchesse de Gérolstein*, le grand succès du
jour. Il se hâte de prendre son billet. Et une
heure après, le voici dans la salle, s'égayant
jusqu'à la pâmoison aux péripéties étourdissantes du spectacle ; la grandeur et la décadence du général Boum, son plan de campagne,
l'élévation de Fritz, son départ pour le combat,
Et, revenu à son hôtel, il rêve comme la veille.
Mais quels songes différents ! Il rêve cette fois
que tous les vieux clichés sont brisés, que
tous les peuples sont frères, et qu'ils ont été
créés par Dieu tout exprès pour traverser la
vie en riant ensemble.

V

Je voudrais — si le temps me le permettait — graver un peu ce tableau.

Cette société, elle rit, et jusqu'à la convulsion ; elle tremble, et jusqu'à l'épouvantement ; elle feuillette Labiche, et elle entrevoit Shakespeare ; elle offre des tableaux à ravir Froissart, mais à la condition que Tacite vienne de temps à autre appuyer son burin. Elle passe de la lumière à l'ombre, et en des oppositions que n'eût imaginées ni le génie de Rembrandt, ni l'art consommé de Gérard Dow. Ombres et lumières, toute l'année 1867 tient dans ces mots. Comme l'Exposition vient de s'ouvrir, une grande ombre passe : le Luxembourg. Le nuage se dissipe. En juin, l'empereur Alexandre et le roi Guillaume viennent à Paris : qui ne se rassurerait ? Seuls ils pourraient troubler la paix ; et ils sont chez nous. Nous voici de nouveau en pleine lumière, mais point pour longtemps. On a parlé de la revue du 6 juin. Elle vient de s'achever. Les souverains ont regagné leur voiture ; comme ils traversent le Bois de Boulogne, près de l'un des carrefours un coup de pistolet est tiré sur le carrosse impérial. On arrête le meurtrier. C'est un Polonais. Il s'appelle Berezewski. Il déclare qu'il a visé l'empereur Alexandre. Et le Tzar rapproche des prévenances les avanies. Au palais de justice, on lui a crié : Vive la Pologne ! Au Bois de Boulogne, on a voulu l'assassiner. Et celui qui eût pu devenir un allié s'éloigne, en hôte qui dissimule, mais, d'une rancune tenace, se souvient.

Dans l'entraînement du plaisir l'ombre se dissipe et la lumière reparaît. On annonce l'arrivée du Sultan, et on raconte de lui des choses fabuleuses autant que divertissantes. Plus que jamais on travaille à s'étourdir, et on y réussit. Plus que jamais les théâtres, les cafés-concerts font salle comble. On joue : au Vaudeville, *la Famille Benoîton* ; à la Porte Saint-Martin, *la Biche au Bois* ; aux Variétés, *la Belle Hélène*, sans compter *la Grande-Duchesse*. Chaque nuit les cabinets des restaurants à la mode se remplissent, et Paris devient le paradis des filles de joie. Tout à coup, voici la grande ombre qui de nouveau se projette. Dans la nuit du 29 au 30 juin, une dépêche, transmise par le câble atlantique, est arrivée de Washington à Vienne. Elle contient ces simples mots : « L'empereur Maximilien a été fusillé. » On veut douter encore. Le 1er juillet, la cérémonie de la distribution des récompenses s'accomplit, au milieu d'une pompe angoissée pire que tous les deuils. Une place reste vide, celle du comte et de la comtesse de Flandre, beau-frère et belle-sœur de Maximilien. « Ils ont été empêchés d'assister à la fête, disent les journaux officieux, par des *circonstances indépendantes de leur volonté.* » Et la banale platitude des mots rend plus saisissante la tragédie des choses. « L'empereur Maximilien *aurait été* fusillé à Queretaro, » dit le *Moniteur* du 3 juillet. Le lendemain rien ne se peut plus cacher, et l'ombre, une ombre épaisse, envahit tout l'horizon.

Les jours s'écoulent. On essaye de se remettre. Voici, à travers la lumière qui renaît, un nouveau nuage. Cette fois, il vient d'Allemagne. On annonce là-bas la constitution du Parlement douanier, c'est-à-dire le pas décisif vers l'unité allemande. Du même coup est complétée la médiatisation des États du Midi. Cependant l'époque des vacances arrive. De nouveaux voyageurs affluent vers Paris. Ce ne sont plus des touristes cosmopolites, des gens de luxe ou de plaisir, mais des bourgeois paisibles qui n'ont qu'un temps pour se distraire, des professeurs, des fonctionnaires, des prêtres, des agriculteurs qui se dérobent entre la moisson et la vendange, des pères de famille qui ont promis à leurs enfants comme une récompense la visite de l'Exposition ; ce sont ceux, en un mot, qui représentent dans la simplicité de leurs goûts, dans l'éveil curieux de leur esprit, dans la fraîcheur de leurs sensations honnêtes, la vraie, la bonne race de France. Paris se ranime pour leur faire fête. Mais derechef une nuée passe qui voile la lumière. D'Algérie arrive la nouvelle d'une horrible famine. Et puis il y a l'Alle-

magne, l'Allemagne, toujours l'Allemagne !
Un nouvel incident surgit, c'est l'interprétation
du traité de Prague. On essaye d'échapper à
l'ombre. Cette fois, c'est Napoléon lui-même
qui montre de sa propre main les nuages.
Dans un discours prononcé à Lille, discours
ému, sincère, d'une triste et patriotique clairvoyance, il signale les *points noirs* — ce sont
ses expressions textuelles — qui sont venus
assombrir l'horizon.

Le mois d'octobre commence. Un hôte
auguste est annoncé, plus important que tous
les autres à conquérir ; c'est l'empereur d'Au-
triche. Pour lui faire fête, la Capitale rajuste
ses décors déjà un peu défraîchis. Que sera
la visite ? Entrevue banale, ou point de départ
d'une alliance ? De l'issue dépend peut-être
la ruine ou le salut. Ici plus que jamais se
disputent la lumière et l'ombre. Un jour, dans
un banquet à l'Hôtel de Ville, l'empereur
François-Joseph, en un discours admirable,
proclame l'oubli de toutes les discordes passées,
l'union pour le progrès et la paix. Voilà la
lumière, voilà l'espoir. Cependant voici les
nuages qui repassent ; voici les souvenirs
qui s'intercalent à travers les réconciliations :
Magenta, Solférino, la Vénétie, la Prusse aidée,
puis cet archiduc Maximilien pris naguère
à Miramar pour l'Empire, et dont le cercueil
va descendre dans le caveau des Capucins.

VI

Avec le mois de novembre s'acheva la grande fête, magnifique et angoissée. Les étrangers s'éloignèrent, tout ensemble envieux de nos splendeurs et conscients de nos faiblesses, généralement malveillants, ainsi que l'attestent la plupart des documents que j'ai eus sous les yeux. Mais avaient-ils tout vu ? Surtout, avaient-ils bien vu ?

Dans cette Exposition, j'ai essayé de retrouver quelques-uns des traits de la société impériale, avec son goût du plaisir et ses labeurs, avec sa frivolité et sa bonté, avec ses aspirations contradictoires vers la paix et vers la guerre, avec son éclat, avec ses faiblesses. Au moment de finir, j'ai un scrupule. Cette image, je la crois fidèle en tout ce qu'elle montre. Seulement, elle est incomplète. Elle laisse un peu trop dans l'ombre une sainte chose qui se cache, qu'il faut chercher pour la découvrir, mais qui ne fleurit nulle part mieux qu'en terre de France, et qu'on appelle la vertu. Ce qu'il y eut de plus faible dans l'Exposition de 1867 (comme aussi, je crois, dans toutes les expositions), ce furent les voyageurs cosmopolites auxquels Paris n'eut d'autre tort que d'offrir ce qu'ils exigeaient qu'on leur présentât, ce qu'eux-mêmes peut-être avaient apporté. Beaucoup nous quittèrent la tête vide, les sens affolés, ayant vu de la France juste assez pour être inaptes à la comprendre jamais.

Volontiers je me figure une sorte d'addition à la visite de l'Exposition universelle. Ce serait une manière de voyage rectificatif, très court d'ailleurs et très sommaire. Les guides de ce voyage supplémentaire s'adresseraient à ceux qui ont pu prendre au sérieux les railleries bouffonnes de la grande-duchesse de Gérolstein ; ils les conduiraient un matin à travers les rues de Paris, sur le passage de n'importe quel régiment revenant de la manœuvre : là, ils leur montreraient les enfants qui emboîtent le pas derrière les clairons, les ouvriers, les bourgeois qui pressent les colonnes ; et ils leur diraient : « Ce que vous avez vu aux *Variétés*, ce n'est qu'un feu d'artifice de gaieté inconsidérée : voilà la véritable âme populaire. » — A l'adresse de ceux qui, au *Vaudeville*, ont applaudi Mme Benoîton toujours sortie, les mêmes guides ajouteraient : « Gardez-vous de chercher ici autre chose qu'un grossissement de fantaisie ; entrez un peu partout, où vous voudrez, et presque partout vous verrez des épouses, des mères de famille, non toujours sorties, mais toujours chez elles ; il y a bien quelques têtes un peu folles, un peu trop de goût pour le frou-frou, de petits pieds menus qui aiment à côtoyer les abîmes ; il y a bien aussi quelques bouches frivoles qui répètent, souvent sans le bien comprendre, un impudent jargon ; mais, quand on parle de la corruption impériale, le mot est bien excessif, bien immérité. En réalité, et malgré tout, il n'y a nulle part plus qu'en France de fidélité dans les affections conjugales, d'union entre les enfants, de dévouement dans le labeur du père. » — Puis les mêmes guides de ce petit itinéraire supplémentaire ajouteraient encore : « Voulez-vous voir une portion de la société du *second Empire* qui n'a point exposé, qui peut-être n'a jamais mis les pieds à l'Exposition ? Suivez-nous pendant un jour, un jour seulement, avant de regagner votre pays. » Et ces guides s'éloigneraient du centre de la ville ; ils franchiraient les ponts, ils s'engageraient jusque dans les quartiers où les voitures sont moins nombreuses, où les rues sont parfois bordées de murs de clôture, où des jardins, quelques terrains vagues apparaissent entre les habitations. Et, montrant ces lieux, ils diraient : « Voilà le champ de la bienfaisance, de la charité. Il a toujours été labouré, mais jamais mieux ni plus profondément que depuis quinze ans, c'est-à-dire sous le *second Empire*. Voici, rue du Regard, un asile pour les vieillards ; en voici un autre tout à côté, rue Notre-

Dame-des-Champs ; et en voici un troisième rue Saint-Jacques : ils ont été fondés en 1852, en 1858, en 1854, par les *Petites Sœurs des pauvres*. Un peu plus loin, dans le quartier d'Enfer, voici un refuge pour les aveugles, établi en 1858, — toujours sous le *second Empire*, — par les Sœurs de Saint-Paul. Continuons. Nous voici au pied de la vieille église Saint-Médard. En ce quartier a vécu une admirable femme, Sœur Rosalie, morte en 1856. Tout le monde se rappelle encore, dans le populeux faubourg, l'appareil humble et triomphal de ses funérailles : tout un peuple en larmes suivant le cercueil d'une sainte, et l'unique couronne déposée sur sa tombe, avec cette inscription d'une brièveté magnifique : *A Sœur Rosalie, les riches et les pauvres.* Au lieu où elle a vécu s'élève tout un ensemble de fondations pour les enfants, les jeunes gens, les orphelins. Poursuivons notre route, tournons l'Ecole polytechnique. Cette maison que vous voyez tout près de vous a été créée en 1860 — encore sous le *second Empire* — pour les ouvriers des rues, les apprentis égarés dans Paris, et spécialement les petits ramoneurs. A côté des œuvres fondées par la charité catholique, voici quelques autres œuvres dues à la charité protestante. On dirait ces flammes qui, allumées à des foyers divers, se rejoignent fraternellement à une certaine hauteur et montent d'une même envolée vers Dieu. Dans ces quartiers excentriques, on voit passer journellement des hommes pressés, modestes, à la fois très actifs et très silencieux, que tout le monde finit par connaître et qui sont offusqués d'être connus, tant ils sont avides de labeurs ignorés, de bénédictions obscures ! Ils s'appellent Armand de Melun, Augustin Cochin, Cornudet, Meignen, Paul Vrignault ; ce sont les professionnels de la charité. J'en nomme quatre ou cinq, on en pourrait citer mille. Cependant l'esprit de solidarité s'est développé sous toutes les formes : sous la forme nettement catholique, avec les *Sociétés de Saint-Vincent de Paul*, que le gouvernement impérial, très équitable d'ordinaire, s'est donné un jour le tort de combattre ; puis sous la forme de l'entr'aide fraternelle, avec les *Sociétés de secours mutuels*, dont le nombre a triplé depuis 1851. Pareillement se sont développées les salles d'asile, les écoles : écoles officielles, écoles congréganistes, toutes vivant sous un régime de juste liberté. Tel est le spectacle sur la rive gauche. Repassons les ponts ; il est pareil sur l'autre rive, dans l'immense demi-cercle des faubourgs depuis Charonne jusqu'aux Ternes. Et la visite faite aujourd'hui pourrait se continuer bien des jours encore sans que la matière s'épuisât. » Ainsi parleraient les guides de cette excursion supplémentaire que je voudrais comme l'épilogue d'une visite à l'Exposition. Beaucoup ont-ils accompli ce voyage additionnel ? Je crains que non. Je souhaiterais du moins que beaucoup aient soupçonné que ce voyage était à faire, et que nulle part plus que dans Paris il serait fécond en souvenirs et en émotions. Je n'ai pas résisté — et vous m'en excuserez — à marquer brièvement la lacune. Il y a quelque chose de plus beau que la France dont on parle, c'est la France dont on ne parle pas. Combien serait belle l'histoire de la vertu, en tout temps, et spécialement à cette époque du *second Empire* qu'on a appelée époque de corruption parce qu'on n'en a vu qu'une petite surface, faite d'éclat faux, de luxe tapageur, d'extravagances exotiques ! Mais cette histoire de la vertu, l'écrira-t-on jamais ? On ne la tracera que par fragments, jamais complètement ; et toujours le plus exquis, le plus pur, le plus sublime montera droit vers Dieu, sans se laisser déflorer par la plume de l'homme. Puis la vertu a, comme toutes les grandes et nobles choses, sa pudeur. Le jour où elle se publierait, elle laisserait évaporer quelque chose de son parfum de modestie ; et le jour où elle cesserait d'être tout à fait la modestie, elle cesserait aussi d'être tout à fait la vertu.

A LA VEILLE DE LA GUERRE

POUR LES ORPHELINES D'ALSACE-LORRAINE

ALLOCUTION
PRONONCÉE A L'ÉCOLE DU VÉSINET
le 28 Juin 1914.

MES CHÈRES ENFANTS,

Le très éminent et très dévoué bienfaiteur de votre maison, M. le Comte d'Haussonville, excelle à prélever avec une bonne grâce charmante, non l'impôt sur le revenu, mais l'impôt sur l'élection. A chaque nouvel élu de l'Académie il demande de participer, sous la forme d'une allocution, à son œuvre de la Société de protection des Alsaciens-Lorrains demeurés Français : « Vous verrez, ajoute-t-il, notre orphelinat du Vésinet, et le voyant, je suis sûr que vous l'aimerez. » Ainsi s'est créé un usage qui tend à revêtir l'autorité d'une tradition.

J'ai accepté tout de suite et de tout cœur. Ce n'est pas que j'aime follement les discours ;

je vous avouerai même que je mets parfois quelque habileté à m'y dérober. Mais si j'aime peu les discours, du moins les miens, en revanche j'aime énormément les enfants ; et par une heureuse opportunité, entre les garçons et les filles, j'ai une préférence décidée pour les filles. C'est assez vous marquer combien je suis heureux de me trouver aujourd'hui au milieu de vous.

J'aimerais à vous dire, mes chères enfants, des choses très simples afin d'être bien compris, et des choses très brèves afin de ne point trop vous ennuyer. Soyez bien sages, sages au point d'obliger vos maîtresses à ne plus décerner de prix de bonne conduite, parce que toutes vous le mériteriez. Observez la règle non seulement avec soumission, mais avec un bon vouloir allègre ; — elle doit être ici très douce. Que si elle exigeait quelque renoncement, dites-vous bien que les menus sacrifices, accomplis au jour le jour durant l'enfance, sont la meilleure préparation à la vie, et que rien ne vaut l'exercice coutumier des petites vertus pour initier à la pratique des grandes. Gardez votre cœur bien pur et bannissez-en tout ce qui pourrait troubler la sérénité de vos jeunes années. Aimez bien les excellentes religieuses qui remplacent pour vous tant d'affections absentes ou disparues, et rendez-leur en gratitude ce qu'elles vous donnent en dévouement. Entre compagnes, soyez bonnes, charitables ; que le soleil ne se couche jamais sur un ressentiment ou une colère : souvenez-vous au contraire que vous êtes filles d'exilés, que peut-être la vie vous sera sévère ; dans cet esprit, promettez-vous de vous entr'aider ; et à défaut d'autre force, ménagez-vous dès à présent pour l'avenir cette force précieuse qui naît de l'union. Surtout ne laissez accès dans votre âme à aucune dissimulation ; ne mentez jamais ; ne capitulez pas, même intérieurement, avec la vérité ; et commencez par être droites avec vous-mêmes, ce qui est le meilleur moyen de l'être toujours avec les autres. Qu'une idée maîtresse domine en vous : celle du devoir. Il y a dans les collèges, dans les internats, deux manières de façonner l'esprit et le cœur des enfants. La première consiste à éveiller dans les jeunes âmes l'amour-propre et même une sorte de vanité, de se servir de l'un et de l'autre comme d'un aiguillon et d'obtenir le bien en excitant fortement par l'émulation le désir de la première place. Je ne méconnais pas les avantages de cette méthode ; je ne puis pourtant me défendre de remarquer qu'elle exploite un défaut, presque un vice, pour en extraire une vertu. Combien j'aime mieux l'autre conception, l'autre méthode qui consiste à faire lentement, progressivement, patiemment l'éducation de la conscience, à aider au besoin la conscience par le stimulant de l'honneur, à élever peu à peu l'âme de l'enfant jusqu'à lui faire aimer le bien pour le bien, le devoir pour le devoir, et à lui montrer surtout que par là il se rapproche de la divine image dont, malgré l'imperfection de notre nature, nous portons en nous le reflet !

Il a été fait sûrement pour vous, mes chères enfants, tout un plan d'études. Travaillez bien. Si j'osais, je ferais pourtant une réserve et volontiers j'ajouterais : « Oui, travaillez bien, mais pas trop. » Je m'explique. Au milieu de vos malheurs, vous avez rencontré une singulière bonne fortune. Il y a bientôt quarante ans, la générosité d'un galant homme, qui était aussi un excellent patriote, M. de Naurois, vous a dotées d'un vaste terrain avec de grands arbres, de spacieuses pelouses, ce qui a permis de vous établir en plein air et en pleine lumière. Puis deux hommes de bien sont venus qui ont perfectionné, avec toutes les ingéniosités de la bienfaisance et de la charité, cette installation de l'exil : l'un, que vous n'avez pas connu, s'appelait le comte d'Haussonville ; l'autre que vous avez connu, qui est auprès de vous, s'appelle aussi le comte d'Haussonville. L'un était le père, l'autre est le fils, mais tous deux si pareils par l'amour du bien, qu'on peut les confondre dans un même hommage déférant et ému. Or il me semble que si j'avais le grand honneur de participer à votre œuvre, je me permettrais de dire bien respectueusement, bien discrètement, à vos excellentes maîtresses : « Vous avez ici l'inappréciable avantage du grand air, de l'espace, du beau soleil. Ne négligez aucun de ces bienfaits pour le profit de vos chères pupilles. L'heure viendra, hélas ! du surmenage du travail à domicile, des étiolements de l'atelier. Dès à présent constituez contre les risques de l'avenir les réserves de force physique, comme les réserves de vertu. Dans cette prévoyance que j'appellerai volontiers maternelle, ne craignez ni les longs repos qui détendent, ni les jeux qui assouplissent, ni, dans la belle saison, les études ou les ouvrages en plein air, ni les récréations prolongées qui, interrompant largement le travail, rendent le travail lui-même plus efficace et plus joyeux. » Taine a écrit : « La première qualité d'une jeune fille est de se bien porter. » Je crains que la phrase ne révèle un souci trop exclusivement matériel. Mais ce qui est certain, c'est que dans la santé d'une enfant qui grandit, rien ne saurait être négligeable. Tant vaudront les femmes qui seront plus tard mères, tant vaudra la race, tant vaudra la patrie.

Je suis un peu confus de vous parler avec

cet abandon. J'ai deux excuses ; la première c'est que je suis vieux, la seconde, c'est que bien que je vous voie pour la première fois, il me semble que déjà je vous aime beaucoup. Je vous aime beaucoup parce que vous êtes des enfants et que dans l'enfant il y a toute la fraîcheur des choses matinales, toute la grâce de l'œuvre de Dieu non ternie par les hommes. Je vous aime aussi parce que vous êtes des orphelines et que vous souffrez peut-être de cette souffrance qui est pire que toutes les souffrances matérielles et qu'on appelle l'isolement du cœur. Je vous aime enfin parce que vous représentez ici le morceau déchiré de la robe sans couture de la France et que vous gardez dans vos yeux d'enfant l'image inconsolée de la patrie perdue.

J'ai nommé l'Alsace-Lorraine. Elle plane sur toute cette assemblée ; et ici nous la devinons partout comme, à certaines heures de lucidité recueillie, nous sentons la présence réelle des morts que nous avons aimés. Elle est le charme attirant de cette réunion annuelle, elle en est aussi la tristesse et elle en fait l'originale grandeur. Cette patrie que vous pleurez, il ne faut pas la pleurer stérilement. Vous avez, quoique vous ne soyez que des enfants, un moyen à la fois très pacifique et très efficace de la servir encore ; ce moyen, c'est de vous conduire de telle façon que partout où vous alliez, vous la fassiez estimer et honorer en vous. Vous me comprendrez facilement. Les unes après les autres, vous quitterez cette maison pour entrer dans la vie. Soit à Paris, soit en province, les ateliers, les magasins, les maisons privées se partageront vos services. Que partout vous portiez un souci dominant, celui de donner le bon exemple. Soyez les plus exactes à votre tâche journalière, les plus consciencieuses en toutes choses. Soyez celles qui ne trompent ni ne mentent jamais ; soyez les austères gardiennes de vertu ; n'ayez ni défaillances dans les mauvais jours, ni orgueil dans les bons ; portez partout la belle humeur de la bonne conscience. En un mot, faites en sorte que quiconque vous rencontrera, soit en groupe, soit isolées, puisse dire de vous : « Voyez-vous ces jeunes filles qui portent en signe de deuil et de fidélité la large cocarde noire ; qui, aux dimanches d'été, éparses dans les champs, cueillent la marguerite blanche, le coquelicot rouge, les bleuets tout bleus et fixent à leur corsage le bouquet aux couleurs de France ? Ce sont les Alsaciennes-Lorraines ; ce sont aussi les meilleures ouvrières ou employées, les meilleures compagnes, les plus sages, les plus sensées, les plus modestes, celles qui sont les premières dans l'estime et dans l'amitié. » Méritez, mes chères enfants, ce témoignage. Et en cela vous aurez servi non seulement vous-mêmes, mais votre chère province ; car vous prolongerez dans la grande patrie la survivance du souvenir, de l'affection et des regrets.

En vous conviant à cette vertu, vous cacherai-je la source, la vraie source où vous la puiserez ? Laissez-moi vous le dire sans détour, parce que telle est ma conviction, conviction qui repose de plus en plus assurée dans mon cœur, à mesure que je me rapproche du terme de la vie. Quand vous devrez quitter cette demeure, les pieuses, les saintes religieuses qui ont pris soin de votre éducation vous entoureront de leur sollicitude, et dans l'anxiété du départ vous résumeront, comme en un mémento suprême, tout ce que leur ferveur chrétienne vous a inculqué. Ecoutez bien ces dernières paroles. Que ces enseignements se gravent en vous pour ne s'oublier jamais. Je voudrais que dans son bagage, chacune de vous emportât un livre, un tout petit livre : l'Evangile. L'Evangile, je crois que nous, catholiques romains, nous ne le lisons pas assez. J'ai vu, dans certaines communions chrétiennes, des fidèles s'en nourrir chaque jour ; et ils puisaient dans ce commerce une gravité de pensée, une dignité de langage et de vie que j'ai plus d'une fois admirées. C'est le livre des livres : il convient à tous les rangs, à tous les âges, à tous les peuples, et tous y trouvent, à la condition de le chercher avec simplicité de cœur, ce qui épure, ce qui relève, ce qui console. Or il semble que ce livre, souverainement bon à tous, soit spécialement fait pour vous. Quand vous rentrerez dans votre petite chambre après la journée de travail, vous vous sentirez souvent le cœur meurtri, et Jésus est l'asile des cœurs blessés. Quand vous verrez vos compagnes qui le soir retrouvent un père, une mère, un foyer, vous ferez sur vous-mêmes un retour plein d'amertume ; ouvrez l'Evangile et vous y lirez, peut-être à travers vos larmes, mais avec des larmes qui détendent et apaisent, ces mots du divin Maître : « Je ne vous laisserai point orphelins sur la terre. » Le texte sacré, en beaucoup de ses parties, semble pour vous d'une application littérale. « Bienheureux les pauvres », dit le Sermon sur la montagne, et vous êtes pauvres. « Bienheureux ceux qui pleurent », et vous avez pleuré. « Bienheureux ceux qui souffrent persécution pour la justice », et à cette parole de Jésus, vous vous rappellerez d'autres persécutés, vos pères d'il y a quarante ans, poussés loin de leur village natal et allant bien loin de leurs demeures usurpées chercher à tout hasard un foyer.

Je vous ai promis d'être court, mes chères

enfants, et je veux tenir parole. J'aimerais à finir en vous disant tout ce que je souhaite de bon pour votre avenir. La vie a été dure pour vos parents, pour vos grands-parents. Ils ont connu beaucoup d'épreuves : les douleurs de leur exode, la dispersion de ceux qui leur étaient chers, souvent l'indigence matérielle, puis le regret du sol natal dont on ne connaît bien les attaches puissantes que quand ces attaches se sont rompues. Au milieu de leurs infortunes, leur pensée sans doute s'est reportée sur ceux qui viendraient après eux, et peut-être, en dignes fils de l'Alsace et de la Lorraine chrétiennes, ont-ils demandé à Dieu qu'en frappant les pères, il épargnât du moins les enfants. Mes chères enfants, puisse cette prière avoir été exaucée ! Puissiez-vous vaincre la mauvaise fortune par sagesse, patience et grâce de Dieu ! Puissiez-vous être à la fois honnêtes et heureuses ! Je termine sur ce mot où je voudrais mettre tout mon cœur, et en finissant je remercie de nouveau M. le comte d'Haussonville qui m'a permis de connaître votre maison, et par conséquent de l'aimer.

DEUX FRÈRES

ANDRÉ et PIERRE
de GAILHARD-BANCEL [1]

I

André et Pierre de Gailhard-Bancel ! Ils étaient frères et presque du même âge, car une année seulement les séparait. Ils ont grandi au même foyer traditionnel et chrétien. Ils furent pareils par leur foi, par leurs espoirs, par leur vaillance. Leur amitié fut sans nuage autant que leur vie fut sans tache. Comme par le pressentiment de leur court destin, ils ont hâté leur labeur terrestre, au point de marquer de bonnes œuvres chaque jour de leur passage ici-bas. A l'appel du devoir, ils sont partis, allègres, résolus, à la manière de ceux qui sont pour les autres un exemple et une force. Le même jour, à la même heure, dans le même combat, tout près l'un de l'autre, ils sont tombés. Et maintenant, en terre lorraine leurs restes reposent tandis que leur âme se réjouit en Dieu.

---

(1) *Correspondant*, 25 janvier 1911.

On m'a suggéré de parler d'eux. J'ai accepté tout de suite, comme on fait d'un honneur. Et voici qu'en commençant, la plume tremble dans mes doigts. Jamais je n'ai mieux senti l'impuissance des mots. Je ne sais comment parler des chers et glorieux enfants avec assez de tendresse ; surtout je ne sais comment leur témoigner assez de respect. C'est que la guerre, en renversant tant de choses, a pareillement interverti la hiérarchie des déférences traditionnelles ; et ce sont les vieillards qui doivent le salut à ceux qui ont combattu pour le droit.

André et Pierre ! Je les ai rencontrés assez rarement ; mais leur image, leur souvenir est demeuré dans mes yeux. André était d'aspect un peu frêle, d'assez petite taille, timide et modeste jusqu'à l'humilité. Il parlait peu, quoique avec une bonne grâce simple et sérieuse qui attirait aussitôt. Il fallait le deviner, et l'on sentait que son principal souci était de se garder de toute complaisance pour lui-même. De son regard très doux, un peu voilé, se dégageait la bonté. Chez lui, quelque chose de recueilli qui ne se prêterait bien qu'à l'intimité familiale ou à l'entretien avec Dieu. Je me souviens de ses attentions délicates, gracieuses, caressantes pour sa mère. Il avait pour elle des soins infinis ; et celle-ci jouissait de ces prévenances filiales avec une tendresse heureuse, un peu mélancolique aussi, comme on jouit d'un trésor très cher qui peut-être échappera. Tel m'est apparu André, l'aîné des deux frères. — Je revois Pierre mieux encore, l'ayant rencontré plus tard et plus souvent, soit chez moi, soit avenue de Breteuil au foyer hospitalier de sa famille. Il avait été un peu délicat durant son adolescence. L'âge et l'exercice l'avaient fortifié. Sous son lorgnon de myope se cachaient des yeux très vifs, très observateurs aussi. Sur ses lèvres s'épanouissait un bon sourire qui respirait la confiance et l'inspirait. Chez lui une gaîté expansive, une activité débordante, un goût prononcé de vie extérieure, un tempérament fait pour les délassements de la camaraderie aussi bien que pour les épanchements de l'amitié. Voyages, études, sports, courses charitables, il aimait tout. L'attrait se complétait par le charme accompli que l'entière pureté du cœur communique à la jeunesse. Ses parents avaient coutume de dire de lui : « C'est notre rayon de soleil. » Il semblait que, dans sa famille, il fût fait pour assurer l'hérédité des services, des vertus, du dévouement; et quand on voyait le père à côté de son fils, on se disait : « Comme celui-ci continuera bien celui-là ! »

Pour ces jeunes gens, Paris, où je les ai vus,

n'était qu'un lieu de passage. Le véritable foyer était ailleurs. Bien loin, dans la basse vallée de la Drôme, au village d'Allex, s'élevait la demeure paternelle. Il semblait que sur le château des Ramières — ainsi nommait-on la résidence de M. de Gailhard-Bancel — l'honneur et le bonheur se fussent pareillement posés. Là-bas une vie active et des heures toujours bien remplies ; une large aisance avec un seul luxe, celui de la charité ; un permanent souci des intérêts agricoles et plus encore des œuvres sociales qui substituent à la haine la fraternité. A de fréquents intervalles, M. de Gailhard-Bancel franchissait le Rhône pour aller visiter les électeurs de l'Ardèche qui l'avaient nommé leur député et dont il était, comme il l'est encore, le mandataire éclairé et indépendant, désintéressé et fidèle. C'est en ce milieu que les enfants avaient grandi, sous l'œil de la meilleure des mères. Ils étaient nombreux : une fille, destinée à la vie religieuse et cinq fils. Pierre et André étaient les derniers. Souvent, pendant les vacances, la bande se grossissait de jeunes cousins qui venaient du château de Grane, résidence d'été des aïeuls maternels, M. et Mme Henry Bergasse. Ensemble on remontait la belle vallée de la Drôme ou l'on escaladait les montagnes. L'un des jeux favoris était de simuler des manœuvres, des promenades militaires. A ce simulacre on se plaisait fort : l'on s'était muni de vieux fusils ; on avait même, à ce qu'on assure, tenté de figurer des canons. Quand il était complet, le groupe des apprentis-soldats atteignait le chiffre de quatorze. Sur les quatorze, sept ont été tués à l'ennemi, deux ont été blessés (1).

Ainsi s'étaient écoulées les années heureuses, celles des études, des jeux, de l'initiation intelligente et douce à toutes les formes du bien. A la fin des vacances de 1905, André avait dix-huit ans, Pierre dix-sept. A ce moment les deux existences fraternelles, jusqu'ici confondues, se séparèrent, mais sans que rien ne les désunît jamais.

II

Au début de l'année 1906, on retrouve André à Montélimar, accomplissant son service militaire au 52e de ligne. Il est si jeune d'âge,

---

(1) Voici les noms des tués : MM. Donald Monroe, lieutenant de chasseurs alpins (20 août 1914) : Guy du Perron de Revel, lieutenant de réserve aux tirailleurs marocains (11 septembre 1914) ; André de Gailhard-Bancel, sous-lieutenant au 252e de ligne et Pierre de Gailhard-Bancel, lieutenant au 252e de ligne (12 décembre 1914) ; Henri du Perron de Revel, capitaine de cavalerie (3 juin 1915) ; Bruno du Perron de Revel, capitaine de cavalerie (6 septembre 1916) ; le commandant Louis de Gailhard-Bancel.

Les deux blessés sont M. Maurice de Gailhard-Bancel et le capitaine Jacques Sordet.

si jeune surtout d'aspect, qu'il semble le
« benjamin du peloton des dispensés ».
Bientôt on s'assure que ce « benjamin » sera
celui qui donnera l'exemple de la discipline,
de l'endurance, du dévouement. Sous l'uniforme, une transformation s'opère en lui :
le corps s'assouplit, les épaules s'élargissent ;
en même temps la timidité se tempère d'une
assurance modeste. Il est gai, bon camarade,
de bon esprit et de bonne humeur, la main
ouverte et le cœur aussi. C'est surtout en
une période de manœuvres dans les Alpes
que se découvrent en lui des qualités, des
aptitudes que les autres et surtout lui-même
ignoraient. Il se montre infatigable dans les
marches, intrépide dans les plus durs sentiers
des montagnes, ingénieux dans les cantonnements, toujours le premier à la peine, sans
marchandage, sans calculs, sans murmures.
Tel est le témoignage que lui rendent aujour-
d'hui ceux qui furent ses chefs ou ses compagnons.

Quand revint l'automne, la maison paternelle se rouvrit pour le fils très cher qui
rentrait du régiment. Ce ne fut pour lui
qu'une halte. Tout enfant, il avait dit un
jour à son institutrice : « Je me ferai prêtre. »
Avec une ténacité douce, l'idée s'était affermie
en lui. Ses longs silences qui souvent avaient
surpris, n'étaient donc que l'entretien de

l'âme s'interrogeant elle-même et ne voulant
pas être distraite en son colloque avec Dieu.
Ayant embrassé le renoncement, il l'avait
voulu complet et avait décidé que non seulement il serait prêtre, mais jésuite. Ses parents
avaient connu le secret, mais en chrétiens
qui ne veulent rien disputer au ciel. Deux
mois s'écoulèrent à la fois doux et tristes,
avec la supputation anxieuse des jours qui
hâtaient le grand adieu. Celui qui allait partir
s'appliqua à redoubler d'attentions et de
tendresse vis-à-vis de son père, vis-à-vis de
sa mère surtout. Prenant à part son frère
Pierre, il lui dit : « Quand je ne serai plus là,
tu seras bien *fille* pour maman, n'est-ce pas ? »
Les Ramières, Allex, Grane étaient pour lui
pleins de souvenirs. Il en emplit ses yeux
comme pour en garder toujours la vision.
Pleura-t-il ? Il y a des pleurs bénis qui sou-
lignent le sacrifice et, en lui imprimant sa
marque humaine, achèvent de le consacrer.
En une dernière réunion de famille, on passa
le jour de la Toussaint, puis le jour des Morts.
Et, le lendemain, — c'était le 3 novembre 1906,
— l'enfant partit, chrétien radieux, fils brisé.

On sait par quelle série d'épreuves la
Compagnie de Jésus fait passer ses novices
avant de les lier par des vœux perpétuels et
de les admettre à l'honneur du sacerdoce.
C'est sûrement à cette forte discipline que

cet ordre fameux doit la place qu'il tient dans l'Eglise et dans le monde. De longues années sont consacrées d'abord à la formation religieuse, puis aux études classiques qui sont reprises et pour ainsi dire recommencées, enfin à la philosophie et à la théologie. Entre ces épreuves s'intercalent d'ordinaire une ou deux années d'enseignement et aussi certains stages qui permettent l'initiation aux œuvres de pénitence, de miséricorde et de charité. A Hastings, puis à Cantorbéry, enfin à Jersey, André de Gailhard-Bancel se montra de ceux qui éveillent les meilleures espérances. Un trait dominait en lui : l'humilité la plus sincère et le plus entier oubli de soi. A l'étude il s'adonnait avec une application méritoire et qui était couronnée du plus honorable succès. Mais ses préférences, quoique toujours contenues par le souci de la discipline et de la règle, l'entraînaient ailleurs. Une ardeur le consumait, celle de bien servir, mais en des tâches obscures vues de Dieu seulement. *Ama nesciri*, dit l'auteur de l'*Imitation*. Nul plus que le jeune novice ne s'imprégna de cette parole sainte. Lui, tout timide, devenait éloquent quand il parlait des pauvres à consoler, des pécheurs à relever, des âmes à sauver. Plus tard, l'un de ses supérieurs dira de lui : « Il présageait un apôtre de premier ordre. »

Bien avant de prononcer ses premiers vœux, André de Gailhard-Bancel s'était promis, en un élan de dévotion, d'être à Dieu entièrement et pour toujours. En fixant ses regards en haut, s'était-il éloigné de sa famille ? Sa pensée ne cessait de se porter vers la chère demeure des Ramières. Dans ses entretiens avec ses compagnons du noviciat, il lui arrivait souvent de dire combien la séparation lui avait coûté. A l'époque du mariage de ses deux frères, un redoublement de sollicitude affectueuse le ramena vers ceux qu'il avait quittés. Quand son père avait, par actes ou discours, affirmé ses convictions religieuses ou sa sollicitude pour le bien public, il en ressentait la plus noble fierté. J'ai sous les yeux sa correspondance avec ses parents. Elle est tendre, émue, avec des mots caressants qui charment : « Mon cœur est tout entier à Dieu, écrit-il à son père ; mais c'est par lui et en lui que je vous aimerai toujours. » Puis, comme pour rassurer, il ajoute : « Vous pouvez être certain que je serai le plus heureux de vos enfants. » A sa sainte et admirable mère il exprime sa reconnaissance de ce qu'elle a laissé sans murmure se consommer le grand sacrifice : « Vous m'avez donné, lui dit-il, non seulement avec générosité, mais presque avec joie. » D'autres fois il s'interroge sur l'accomplissement de ses devoirs filiaux ; et avec l'humble candeur de son âme scrupuleuse, il s'accuse lui-même de ses fautes. Le 4 octobre 1908, au moment de ses premiers engagements religieux, il écrit à ses parents : « Dans mon passé il ne peut manquer d'y avoir des taches, et je viens, mon cher papa, ma chère maman, vous en demander pardon. »

Un regret à demi exprimé le saisissait parfois. Faisant allusion à son vœu de pauvreté, il lui arriva de dire : « Je ne pourrai plus donner. » Ne pouvant donner ni l'argent, ni l'or, il s'appliqua à donner son cœur et, de sa courte vie, plusieurs traits ont été retenus où se marque sa charité.

Un jour, comme il passait à Boulogne en se rendant à Paris pour un examen de licence ès-lettres, il visita la maison des Petites Sœurs des Pauvres. Un vieillard se mourait, et dans l'impénitence. Aussitôt, avec une généreuse spontanéité, il offrit à Dieu le succès de son examen en échange de la pauvre âme à racheter. Il n'y a que les simples pour avoir de ces hardiesses qui traitent familièrement avec le ciel. Que dire du pacte à la fois naïf et charmant ? Qu'il suffise de savoir la suite. Le vieillard se convertit ; devant ses juges André échoua, mais peu de mois plus tard il prit sa revanche par un brillant succès.

Un autre jour, il était à Paris pour y suivre

quelques cours universitaires. Or il se trouva que les Jésuites avaient organisé, en ce temps-là, une sorte de mission auprès de pauvres *Indiens peaux rouges* amenés, pour y être exhibés, au Jardin d'acclimatation. Le jeune novice sollicita d'être associé à la pieuse entreprise. Au petit village indien, chaque dimanche il servait la messe. Puis il catéchisait, instruisait, consolait. Son geste empressé, sa bonne grâce charitable, son bienveillant sourire complétaient ce que la différence de langue ne permettait pas d'exprimer. C'est que le plus déshérité, le plus pauvre, le plus humble était pour lui le plus aimé.

On a gardé de lui un autre souvenir. Il lui arriva de passer quelques semaines à Rosendaël, près de Dunkerque, chez les Petites-Sœurs des Pauvres. C'était une de ces épreuves, un de ces stages que les Jésuites, jaloux de parachever la formation de leurs sujets, désignent, si je suis bien informé, sous le nom d'*expériments*. Le jeune religieux remplit sa tâche, non seulement avec zèle, mais avec amour. Chaque soir, il récitait la prière aux vieillards, et avec une de ces contagieuses ferveurs plus efficaces que toutes les prédications. D'après le témoignage de la supérieure, « il s'offrait le premier pour les besognes les plus pénibles, pour celles qui coûtent le plus à la nature ». Il trouvait

« de bonnes paroles pour consoler ses chers infirmes » et arrivait même à les égayer. Il les soignait non seulement avec les générosités de sa nature aimante, mais avec respect, étant de ceux qui voient dans les pauvres l'image même de Jésus.

C'est, comme on l'a dit, la coutume des Jésuites d'intercaler dans la longue préparation sacerdotale et religieuse deux ou trois années de professorat. En 1911, André de Gailhard-Bancel, fut envoyé au collège de Bollengo, comme surveillant de la division des *moyens* et aussi comme chargé d'une classe de grec et d'anglais. Il était si modeste, si défiant de lui-même qu'on pouvait craindre que son autorité ne s'en ressentît. Bien vite il acquit par douceur plus d'ascendant qu'aucun autre par sévérité. C'est qu'en lui surabondait la grâce de charité et d'amour. Il déploya une sollicitude éclairée pour les études et un zèle non moindre pour les jeux. Sa joie était d'organiser les promenades. Il fallait le voir, le matin des grandes excursions, animant tout le monde, prêt à se surcharger des paquets, des provisions, tout communicatif en son entrain alerte, heureux parce que ses *chers moyens* l'étaient. En ce collège de Bollengo, transporté dans la haute Italie, au pied des montagnes, on se sentait bien dépaysé, bien loin de la patrie. Le jeune maître puisait dans son cœur les mots qui relèvent, qui fortifient et, vis-à-vis de ceux qui étaient si loin de leur mère, il savait se montrer vraiment maternel. Les enfants savent discerner qui les aime vraiment, et ceux qui les croient ingrats sont ceux qui ne les ont jamais bien connus. Quand le P. André de Gailhard-Bancel fut parti, ses jeunes élèves continuèrent à lui écrire avec un familier abandon, et, plus tard, la correspondance continua jusque dans les tranchées. Fidèlement il leur répondait. De Mesnil-la-Tour, il écrivait à l'un d'eux, qu'on nommait René Golletty : « Si je me rappelle René Golletty ? Comment peut-on oublier quelqu'un pour qui, pendant une année, on a été un peu maman ! » Il ajoutait, avec un mélange de badinage et de doux reproche : « Vous me dites que vous n'avez pas changé. J'espère que si et que vous travaillez un peu plus. » Je note la date : 11 *décembre* 1914. Encore un jour, et la main qui trace ces lignes sera glacée par la mort.

C'est que nous touchons à l'époque tragique. En quittant Bollengo, André de Gailhard-Bancel est allé à Jersey pour ses études de philosophie. C'est là que la guerre vient le surprendre. Ce n'est plus sous la soutane du jésuite, mais sous l'uniforme du fantassin que désormais nous le retrouverons.

III

En parlant d'André, ai-je cessé de penser à Pierre ? Il y a des âmes tellement unies que l'une évoque tout naturellement et entretient l'image de l'autre. Les deux âmes fraternelles étaient de celles-là.

Il semble qu'au moment de choisir une carrière, Pierre de Gailhard-Bancel ait éprouvé quelques perplexités. Il avait quatre frères : le premier était officier de cavalerie, le second marin ; du troisième, Maurice, qui étudiait alors le droit, on savait déjà qu'il se destinait au sacerdoce ; le quatrième était André. Quant à lui, volontiers il eût été cavalier comme son frère aîné. Une myopie très prononcée lui fit craindre un obstacle à son désir. Dans sa famille aux habitudes stables et aux mœurs traditionnelles, l'agriculture était particulièrement honorée. C'est de ce côté qu'il se tourna.

En 1908, il entrait à l'école de Grignon. Il s'y montra l'un des plus laborieux dans l'étude, le plus serviable dans la camaraderie, le plus cordial dans l'amitié, le plus régulier dans les pratiques chrétiennes, mais avec cette bonne grâce qui jamais ne dissimule sa foi, qui jamais non plus ne prétend l'imposer. Son zèle religieux était tel qu'il lui arriva de recommencer la retraite annuelle dont il avait la pieuse habitude afin d'y entraîner un de ses camarades qui se refusait à la faire sans lui. Son influence salutaire se portait de tous côtés. En une circonstance que ses condisciples se rappellent encore, il sut montrer à la fois sa fermeté et son bon cœur. A Grignon, une habitude s'était établie, celle des brimades qui, à l'égard des nouveaux, dégénéraient parfois en véritable abus. Quand Pierre de Gailhard-Bancel, entrant en seconde année, fut classé parmi les anciens, il usa de son autorité douce sur ses camarades pour effacer ou du moins pour atténuer ces fâcheuses coutumes. Il y réussit et jouit beaucoup de ce succès. Un assemblage de dons si heureux, tant de maturité en une si grande jeunesse avaient attiré l'attention des maîtres de l'école. L'un d'eux (1) écrivait le 9 juillet 1915 : « J'ai toujours été porté à aimer mes élèves... Pour Pierre de Gailhard-Bancel, j'ai ressenti une réelle affection... Je n'oublierai jamais le charme qu'il dégageait, sa distinction complétée par cet excellent sourire qui le rendait si sympathique. Je me le rappelle si attentif aux cours, puis si gai dans nos excursions... Il était de ceux dont j'attendais beaucoup de bien pour le pays. Il a passé trop

---

(1) M. Berthault, mort récemment, directeur d'un des principaux services du ministère de l'Agriculture.

rapidement ; mais qui peut dire que de semblables vies et de pareilles morts soient inutiles à la patrie ? »

Les vacances de l'école et les temps qui suivirent furent remplis en partie par des voyages d'études ou des séjours en Tunisie, en Espagne, en Belgique. Pierre de Gailhard-Bancel fit aussi un stage agricole dans l'Aisne, à l'exploitation rurale d'Arrancy. Là résidait un ami de son père, le colonel marquis de la Tour du Pin-La Charce, type accompli de gentilhomme et de soldat, d'homme d'honneur et de chrétien. Je me figure, — ayant connu l'un et l'autre — quels furent les entretiens du vieillard et du jeune homme. Je me représente dans le salon d'Arrancy le grand seigneur, simple, accueillant, d'une bonhomie charmante, causeur éloquent et s'ignorant lui-même, saintement passionné pour le bien public, penseur profond, âme exquise avec des candeurs d'enfant et, — comme en témoignait sa vie militaire, — un cœur de héros. Puis, à côté de lui, je revois, je crois revoir, — et le tableau mériterait d'être gravé, — le jeune homme de vingt-deux ans, ni timide ni osé, mais doucement et naturellement à l'aise comme sont les vrais modestes. Il écoute, et de son hôte, vivant exemple de dévouement et de loyauté, il apprend comment on doit chercher la peine plus que la récompense, être tout à tous et de préférence aux humbles, comment on doit se donner, aimer, servir, et servir jusqu'à la mort. Quels souvenirs le jeune homme a laissés à Arrancy, nous le savons par deux lettres dignes d'être citées ! Le 6 août 1910, le colonel de la Tour du Pin écrivait à M. de Gailhard-Bancel : « Cher bon ami, votre charmant Pierre vient de quitter la maison qu'il a édifiée par ses bons exemples autant que conquise par sa bonne grâce pour tous. Je l'en ai remercié et je vous en reporte les remerciements, à vous dont il est tellement l'œuvre, et à Mme de Gailhard dont il est, de plus, tellement le portrait... » Il écrivait encore le 21 août : « Cher bon ami, votre charmant fils a passé ici en se faisant aimer de chacun et admirer de tous en toutes choses, depuis son habileté à tous les travaux de la campagne jusqu'à l'agrément de son entretien et l'élévation de ses sentiments. Aussi est-ce avec un sentiment profond que j'ai pu le remercier du bon exemple qu'il avait donné ici et de la trace qu'il y laisse. Il s'y est montré l'honneur de notre classe et de mes amitiés... »

L'heure vint du service militaire. Pierre de Gailhard-Bancel eût souhaité qu'on l'affectât à la cavalerie. Il n'y réussit point et fut versé au 159e régiment d'infanterie alpine à Briançon. Bien vite, avec sa nature souple

et heureuse, il se consola du petit déboire.
Briançon, c'était la perspective de manœuvres
dans ces montagnes des Alpes que, de même
que son frère André, il aimait de passion.
Le *ski* remplaça pour lui le cheval. Il avait
été étudiant modèle, il fut soldat modèle aussi.
Au bout de dix-huit mois, il fut nommé
sous-lieutenant au 52ᵉ d'infanterie à Montélimar. Son capitaine, qui admirait sa belle
ardeur juvénile, disait de lui : « C'est un pur-
sang. » Dans le même temps, le supérieur de
la maison de Jersey disait d'André : « Il
monte vers ce degré de perfection où beaucoup
de religieux ne parviennent qu'après de
longues années. Il est de ceux qui, en peu de
temps, touchent aux sommets. »

Libéré de son service, Pierre de Gailhard-
Bancel revint aux Ramières. Il y passa
plusieurs mois, jouissant beaucoup de la vie
de famille et s'épanouissant dans l'atmosphère
de sympathie qui l'entourait. Pendant l'hiver,
il fut appelé en Lorraine par l'Union des
Syndicats Vosgiens et y fit, avec grand succès,
deux conférences sur l'*Hygiène à la ferme* et
sur l'*Amélioration des terres des Vosges*. Dans
le même temps, il se mettait en quête d'une
exploitation agricole. Bientôt la période élec-
torale qui s'ouvrait fournit un aliment à son
activité. Son père était soumis à la réélection
dans l'Ardèche. Avec lui, il fit la tournée des

cantons de Saint-Péray et de Vernoux. Il se trouva qu'il avait tous les dons qui plaisent : la bonté, la bonne grâce, la mesure, une parole aisée, facile, attirante en restant toujours digne. Les électeurs furent charmés, et le père le fut plus encore d'avoir un tel fils. En une note écrite par lui, je lis ces lignes : « Je suis convaincu que, pour peu que Pierre eût parcouru quelquefois la circonscription, j'aurais pu demander aux électeurs de le nommer à ma place. C'était un peu mon désir, mon espoir, sinon pour le lendemain, au moins pour l'avenir. » La note s'achève par ces mots d'une triste et chrétienne résignation : « La Providence en a décidé autrement. »

Et, en effet, trois mois plus tard, la guerre éclatait.

IV

Le 1er août 1914, le P. André de Gailhard-Bancel quittait Jersey. Il traversa Paris le soir, sa valise sur le dos, n'ayant trouvé ni voiture, ni tramway. Le lendemain, il était à Montélimar, dépôt de son régiment. Il ne put dire adieu ni à son père, ni à sa mère. A Paris, il ne les trouva point ; à Livron, station voisine des Ramières, le train ne s'arrêta pas. Il ressentit vivement le sacrifice. « Je l'ai offert à Dieu, écrivit-il, avec beaucoup d'autres, y compris celui de la vie. »

Il eut du moins une joie, celle de retrouver son frère. Celui-ci le rejoignit, le 5 août, à Montélimar. L'un et l'autre furent incorporés à la 19e compagnie du 252e de ligne, André comme sergent, Pierre comme sous-lieutenant. Et désormais ils ne se sépareront plus.

Ensemble, ils partirent pour Gap. Ils y restèrent une quinzaine de jours. Le 20 août, André écrivait à sa mère : « Nous espérons partir bientôt et recevoir le baptême du feu. » Le souhait fut exaucé. Le 21 août, le régiment fut dirigé vers la Lorraine. Quand il y arriva, c'était l'heure des dépêches angoissantes : Charleroi, Morhange, la défaite, le reflux vers l'intérieur, l'invasion allemande. L'anxiété était grande par tout ce qu'on savait, plus grande encore par tout ce qu'on craignait d'apprendre. De temps en temps, dans les cantonnements, de fausses nouvelles, lancées on ne sait par qui, excitaient de folles joies : un jour on annonçait qu'on marchait sur Metz, un autre jour que 50.000 Allemands étaient encerclés ; puis les démentis provoquaient une tristesse déprimante, et le mécompte se proportionnait à l'exaltation des espérances. Enfin le calme revint et par degrés l'entière confiance.

Du scolasticat de Jersey aux champs de bataille de Lorraine, quelle brusque transition ! Pourtant le dépaysement était moindre qu'on ne l'eût imaginé. La même servitude qui fait la grandeur du soldat fait aussi celle du religieux ; et les vertus de l'un et de l'autre se puisent à la même source qui est l'entier don de soi jusqu'à la mort. Outre l'habitude de l'obéissance et le sentiment du devoir, il semble qu'une prompte réadaptation ait replacé André de Gailhard-Bancel dans la rainure et comme dans le cadre de la vie militaire. Il n'avait jamais nourri aucune ambition ; mais comme les grades n'étaient qu'un péril de plus, il demanda à être nommé sous-lieutenant. Il écrivait le 4 septembre : « Nous sommes un peu agacés de rester loin des lignes ennemies. » Le 8 septembre, il parle de son premier coup de feu et, en vrai troupier, il ajoute : « Cela soulage. » Un autre jour, il trace ces lignes dans son journal de route : « Deux bras de boche sortent de la tranchée, j'ai une envie folle de décharger mon coup de fusil ; hélas ! la consigne est de ne pas tirer. » Tout ce qui sommeillait en lui d'esprit militaire se réveille. Le 13 septembre, il lui arrive de trouver le manteau d'un officier ennemi. C'est sa dépouille. Il la montre, l'exhibe avec une joie presque enfantine et à deux reprises dans sa correspondance nous trouvons ces mots : « Comme j'ai bien dormi dans mon manteau *boche !* » Parfois son âme monte tout à coup en une sorte d'action de grâces à Dieu ; il s'exalte dans la pensée de la double élection qui l'a rangé parmi les privilégiés du dévouement, dévouement au Christ, dévouement à la patrie. C'est alors que ce mot lui échappe qu'on a déjà recueilli sur ses lèvres, le 1er août, sur le quai de Jersey, au moment des adieux : « Mourir à la fois jésuite et soldat, ce serait trop de bonheur ! »

Ce vaillant est pourtant de la race des doux. Il est soldat avec toutes les belles surabondances de son patriotisme et de son courage. En même temps son cœur demeure pénétré de toutes les tendresses de l'Evangile. Tandis que la bataille fait rage, un mot se fixe sur ses lèvres, celui qui résume toute la doctrine de Jésus : « Aimez-vous les uns les autres. » Et tout plein de cette loi d'amour, il se penche vers ses camarades qui sont, à ses yeux, ses frères. A la 19e compagnie, tout le monde a bientôt appris à le connaître. C'est lui qui est le meilleur, le plus serviable pour tous, le plus égal d'humeur, le plus disposé à porter les fardeaux des autres. Sa charité est ingénieuse, douce, souriante, se déguisant elle-même sous la forme d'un échange de services. En attendant que Dieu lui demande les grandes vertus, il pratique au jour le jour les petites. Vêtements, provisions, friandises, remèdes, tout ce qu'il a est aux hommes de sa section. Un jour il leur donne des chaussettes de laine, un autre jour un quart de vin ; une autre fois il leur distribue un quartier de porc qui, écrit-il dans son journal, « a été trouvé délicieux ». Comme il a obtenu la permission d'aller jusqu'à Nancy, il en rapporte du thé, du chocolat, des allumettes, du papier à lettres. Sa grande joie est de faire des heureux ; et la bonne grâce qui donne est égale chez lui à la générosité qui ne compte pas.

Ce camarade modèle garde un souci supérieur qui ne le quitte jamais, celui de Dieu à servir et à faire aimer : « Priez, écrit-il dans une de ses lettres, pour que nous fassions beaucoup de bien et que Dieu soit content. » Son apostolat discret et cordial est celui de l'exemple ; et sa vertu est si accueillante que naturellement elle fait aimer la source d'où cette vertu procède. Il prie sans ostentation, sans déguisement non plus ; et un jour viendra où, à l'heure du péril, on l'invitera à prier tout haut. L'un de ses grands désirs est de pouvoir communier. Quand vers cinq heures du matin, il a cessé son service de la tranchée, il dépose, toutes les fois qu'il le peut, son sac, son revolver : il sait quels sont les villages, à quelques kilomètres à l'arrière où il y a beaucoup de prêtres ; à travers l'obscurité prolongée des longues nuits d'automne, il se hâte vers l'église. Chemin faisant, il se répète le texte sacré : *Lætatus sum in his quæ dicta sunt mihi : In domum Domini ibimus.* Et dans le temple saint il reçoit — avec quelle ferveur, Dieu seul le sait ! — le sacrement de l'Eucharistie. Puis, à l'aube du jour, surmontant un peu de fatigue, mais rempli d'une allégresse bénie, il rejoint ses camarades. Et il note dans son journal quelques-unes des dates privilégiées où il a pu communier, entre autres, les 16, 20 et 21 septembre, le 3, le 11 novembre. Il y a d'autres jours qui se marquent dans sa mémoire fidèle, ce sont les anniversaires de ses engagements religieux. Le 13 novembre 1907, jour de saint Stanislas Kostka, il a prononcé ses premiers vœux ; et le 13 novembre 1914, le cœur tout plein de cette commémoration sainte, il écrit à l'un de ses frères en religion : « Puis-je laisser passer la fête de saint Stanislas sans vous envoyer, fût-ce du fond de ma tranchée, un fraternel et bien affectueux souvenir ? Quelle foule il en vient à mon cœur et à ma mémoire en cette date du 13 novembre ! Pendant que vous célébrez la messe solennelle et le salut en grande pompe, savez-vous comment je la passe, moi, cette fête ? Ce matin, vers trois heures, j'arrive dans mon abri, mes sentinelles sont placées, tous les ordres donnés... Avant de me reposer, je sors mon crucifix de mon sac, et, sans que mes hommes s'en aperçoivent, pendant que les balles sifflent et que les obus éclatent autour de moi, je récite lentement et avec amour la formule des vœux. Le temps était sombre, le ciel sans étoiles et menaçant, mais quelle fête dans mon cœur ! C'était comme au premier jour, il y a sept ans ; vous en souvient-il ?... J'espère que Notre-Seigneur a accepté mon offrande, car je la lui ai offerte par l'intermédiaire de saint Stanislas d'abord, et ensuite de tous nos frères, en si grand nombre, qui sont morts au feu et qui sûrement sont déjà tous en Paradis. »

Quand, à la pointe du jour, André arrive à l'autel, il se trouve parfois qu'il reconnaît auprès de lui son frère Pierre qu'une même foi a dirigé vers le même lieu. C'est ensemble qu'ils assistent à la messe, ensemble qu'ils répondent aux prières du prêtre, ensemble qu'ils participent aux divins mystères ; c'est ensemble qu'ils prient pour leur père, pour leur mère, pour la France surtout ; c'est ensemble qu'ils remercient Dieu qui a permis qu'ils fussent réunis.

Dans le dur labeur pour la patrie, cette réunion est en effet leur grande joie. Dans plusieurs des lettres d'André, je lis ces mots : « J'ai été avec Pierre toute la journée. » Le repos lui est doublement doux quand il le prend, comme jadis aux Ramières, auprès de son frère. Le 15 septembre, il écrit : « Je couche côte à côte avec Pierre..., bon somme de sept heures du soir à cinq heures du matin. » Et si l'on se penchait sur l'épaule de Pierre pendant qu'il tient la plume, on recueillerait l'expression de la même bonne intimité. « Nous nous voyons sans cesse, » écrit-il à sa mère. Il ajoute : « Nous partageons, — rarement, — le même matelas, plus souvent la terre nue. » Pierre a été blessé légèrement le 8 septembre. André, d'abord inquiet, se rassure et avec une belle fierté fraternelle il constate « qu'il n'a abandonné qu'une heure sa section ». « Pierre est *très chic* » a dit le commandant du bataillon, et André, à qui le propos a été tenu, ne résiste pas à le transmettre incontinent aux Ramières. Peu après, Pierre est appelé à commander la compagnie, et André d'écrire à la date du 4 octobre : « On est enchanté de lui en bas comme en haut. » Même explosion de joie chez Pierre quand André est nommé sous-lieutenant : « Bonne nouvelle, écrit-il le 7 octobre à ses parents, André est sous-lieutenant et je le garde à la 19e compagnie. C'est parfait, et tous ici en sont heureux. »

Le charme de cette union réside dans l'entière conformité des pensées, des désirs, des aspirations. Chez les deux frères, même dévouement. Y a-t-il pénurie ? Nul ne jeûne plus qu'eux. Pierre, quoique officier, porte le fusil. Vers la fin de septembre, le régiment change de secteur et, des environs de Nancy, part pour la Woëvre : de là, une marche très hâtée de plus de 60 kilomètres. Pierre, en cette longue route, porte lui-même alternativement les sacs des hommes fatigués. — Chez l'un et l'autre même modestie. Quand André est nommé sous-lieutenant, sa première pensée est la frayeur de ses nouveaux devoirs, et il récite en son cœur le *Veni Creator*. Quand Pierre est appelé au commandement de la compagnie, il se sent envahi d'une grande crainte, celle d'être inégal à la tâche. — Vers la famille absente les deux frères se portent avec la même tendresse. Jamais ils ne manquent d'écrire, fût-ce de la tranchée, fût-ce au milieu du plus extrême péril. Dans une lettre de Pierre je lis ces lignes :« Excusez l'incohérence ; un aéroplane tourne au-dessus de ma tête, et du village on nous tire dessus. » Et dans une autre : « Il est 11 heures du soir. Je suis à plat ventre au fond de la tranchée, et mon ordonnance m'aide à dissimuler la lueur de ma bougie aux *Boches* plus voisins que jamais. » Dans ces lettres, dont quelques-unes sont de purs joyaux, le cœur se révèle avec d'exquises délicatesses : « Vos fils, écrivent-ils, sont plus heureux que beaucoup d'autres puisqu'ils ont une sainte maman

qui souffre et prie pour eux. » Et ailleurs :
« Vos lettres sont notre consolation. » —
Ces jeunes hommes, à la candeur d'enfant,
sont pareils aussi par la bravoure. Chez André
un courage silencieux et la belle sérénité du
sacrifice accompli : dans le péril, nulle crainte,
mais au contraire ce sang-froid qui rassure
et cette entière possession de soi-même qui
se puise dans l'abandon à Dieu. Il y a de la
gravité jusque dans son entrain et une sorte
de pudeur jusque dans sa vaillance. On eût
dit que l'humilité, cette grande maîtresse de
sa vie, redoutât un héroïsme trop étalé comme
on redoute une tentation d'orgueil. Chez
Pierre une bravoure pleine de flamme, une
intelligence vive que le danger surexcite, et
une telle connaissance du métier que beaucoup
le croient officier de carrière. On sent qu'il
s'épanouit dans sa vocation de soldat. Pour
son commandant de bataillon, il est l'*officier
de confiance*. Lui-même, si modeste en toutes
choses, il jouit avec une noble fierté du
témoignage de ses chefs. C'est ainsi qu'après
deux mois de campagne, il écrit à son père :
« Je suis heureux de vous annoncer que je
suis le premier des militaires du régiment
cités à l'ordre du jour pour leur belle conduite
au feu. »

Deux mois de guerre déjà et combien
d'engagements ! On s'est battu le 8 septembre

dans la région de Nancy, le 27 et le 28 à l'arrivée dans la Woëvre. Ce jour-là, la 19ᵉ compagnie a eu 41 hommes atteints. Puis, en octobre, ont commencé les luttes des tranchées, et bientôt on ne les comptera plus.

Il y a l'horreur des combats ; il y a l'horreur des blessés et des morts étendus sur le champ de bataille. Au premier cadavre qu'il a rencontré, André a tracé dans son journal de route ces mots : « C'est lugubre et démoralisant, c'est un spectacle affreux. » Maintenant il a maîtrisé les répugnances de la nature. Quand, tout près des lignes allemandes, il relève les blessés, il joint à la sollicitude pour les pauvres corps souffrants une autre sollicitude pour les pauvres âmes, souffrantes aussi : « J'ai avec moi, écrit-il, mon *crucifix des vœux*, et je distribue avec lui l'indulgence de la bonne mort. » Il ajoute : « Il me sert souvent et en général on le reçoit bien. » Puis, chemin faisant, son fusil à la main, il récite l'office des défunts.

Quand on a pu ramener les corps, un pieux souci est de les déposer en terre bénite et de marquer l'emplacement des sépultures, pour que les restes puissent être plus tard honorés. Il y a les obsèques des chefs : telles les obsèques du commandant Rode, commandant du bataillon. « Il était si bon, écrit de lui André dans son journal. Puis c'était un vrai chef, calme, intrépide, secouant son monde et l'entraînant. Je le regrette vivement, et tout de suite je me mets à prier pour lui. » Et un peu plus loin, je lis ces mots : « A ses funérailles beaucoup pleuraient. » Il y a aussi les obsèques des humbles : telles les obsèques du soldat Vassy, que Pierre avait pris pour ordonnance. Quelle n'était pas la sainte fraternité entre le simple soldat et le brillant officier ! La lettre écrite par Pierre à la malheureuse veuve en demeure le témoignage :

« Mandres-aux-Quatre-Tours, 2 octobre 1914

« MADAME,

« La sincère affection qui m'unissait à votre cher mari, plus que le fait de commander la compagnie après l'évacuation de mon capitaine, me vaut la mission la plus douloureuse qui soit.

« Votre cher Louis, mon frère d'armes, je le pleure avec vous en ce moment ; il est tombé à mes côtés en brave soldat qu'il était, mortellement atteint d'une balle à la poitrine.

« Je sais, Madame, combien ce coup de la Providence va vous sembler atroce ; mais je sais aussi, — car il me parlait souvent de vous et me montrait toutes vos lettres, — que vous

êtes une vraie chrétienne et que la certitude
de savoir notre cher Louis soulagé par vos
prières vous sera un réconfort dans votre
douleur.

« Je veux aussi vous donner sur sa fin
quelques détails qui seront plus consolants
pour vous.

« C'est le 28 septembre, à 5 heures du soir,
qu'il est tombé, tué net sans avoir souffert
un instant. La bataille où nous étions engagés
continuait ; il m'a fallu aussi continuer à
mener plus loin mes soldats.

« Dès le soir, j'ai renvoyé prendre sur lui ses
papiers, ses objets personnels, qui seront pour
vous, comme ils sont pour moi, de chères
reliques.

« Le lendemain, j'ai renvoyé sous le feu,
n'ayant pas l'autorisation d'y aller moi-même,
mon frère pour rapporter son corps.

« La mitraille faisait rage : il a fallu revenir
dans la nuit et, le 30 septembre, à 10 heures
du soir, mon frère ramenait sur une civière,
à 5 kilomètres du point où il était tombé,
votre cher Louis.

« J'ai voulu qu'il reposât en terre sainte.
J'ai fait creuser dans la nuit, par deux camarades, une tombe au cimetière. Je l'ai veillé
moi-même, je lui ai joint les mains en pensant
à vous, et je ne pouvais retenir mes larmes
en contemplant une dernière fois sa figure

si douce et reposée qu'on l'eût cru endormi. C'est ce qui me fait supposer qu'il n'a pas souffert un instant.

« A 11 heures du soir, j'ai demandé un prêtre et, pendant que ses camarades lui rendaient les honneurs, les dernières prières ont été dites.

« Une grande croix de chêne porte son nom gravé : une couronne avait été tressée par ses camarades. Une dame compatissante de ce village de Mandres-aux-Quatre-Tours m'a promis de veiller sur sa tombe.

« Vous voyez, Madame, que j'ai fait pour lui ce que j'aurais fait pour mon frère. Il est vrai que c'est comme un frère que je l'aimais, que nous l'aimions tous à la compagnie ; et de ne plus le voir à mes côtés, je me sens seul et tout désemparé.

« Je vous enverrai plus tard ses objets personnels, son portefeuille, son chapelet qu'il récitait souvent.

« Et si Dieu permet que je revienne de cette terrible guerre, je vous promets qu'après avoir embrassé ma mère, j'irai sans retard à Miribel, et nous parlerons du cher disparu.

« Aujourd'hui, nous repassons au village de Mandres-aux-Quatre-Tours, et j'ai été prier sur sa tombe.

« Priez pour lui, Madame, en songeant qu'il a la récompense d'une vie sans tache,

et priez un peu pour nous qui souffrons tant
de ne plus l'avoir.

« Veuillez agréer, Madame, avec mes regrets
bien vifs de vous annoncer une si triste nouvelle, l'assurance de la part profonde que je
prends à votre deuil.

« Lieutenant PIERRE DE GAILHARD-BANCEL. »

Je n'ai pas résisté à citer en entier cette
longue lettre, tant elle m'a paru révélatrice !
Au village, elle passa de main en main et le
curé de la paroisse voulut même, tant il la
jugeait suggestive, la lire en chaire. Il la
commença, mais il ne put l'achever. Dans
l'assistance, tout le monde et lui-même pleurait.

L'hiver venait, aggravant les souffrances.
A l'arrière on essaie de faire de grands feux
qui réchauffent et enfument. Les longues
nuits prolongent l'obscurité. Dans les tranchées, c'est la boue, ce sont les glissades,
ce sont les longs stationnements sur le sol
humide. La terre mêlée de pluie se colle aux
habits qui ne se sèchent plus : « Je n'aurais
jamais soupçonné, écrit l'un des deux frères,
à quel degré de saleté on peut parvenir. »
Parfois, tout près de la ligne de feu, les vivres
n'arrivent pas. André écrit dans son journal :
« Je bois dans mon quart l'eau qui tombe » ;
et ailleurs : « Je ramasse du pain par terre. »

Il lui arrive de dire : « C'est dur, très dur. »
Mais bien vite il se ravise : « Chut ! écrit-il,
c'est pour la France. »

La jeunesse soutient, et plus encore le
patriotisme et l'espoir. Puis le contraste des
privations journalières aiguise les sensations
de bien-être. On apprend à goûter toutes
sortes de menues joies : « Quand les obus,
écrit Pierre, ne tombent qu'à 300 mètres,
c'est presque la paix. » S'il y a les jours de
pénurie, il y a les jours d'abondance, ceux
où l'on mange, comme note André dans ses
lettres, « du lièvre et du poulet ». Il y a les
envois de la famille et combien ne sont pas
douces les attentions maternelles ! « Aujour-
d'hui, écrit l'un des deux frères, les Allemands
nous ont envoyé des obus et maman du chocolat d'Aiguebelle. » — « J'ai touché, écrit
André, chemises et caleçons de laine » ; et
il note cette distribution comme il ferait d'un
événement joyeux. Il y a aussi, — expédié
des Ramières, — un manteau de caoutchouc
qui est merveilleux pour se garantir de la
pluie et qui vaut presque le manteau *boche*
ramassé au début de la guerre. Puis, quand
on est ramené en seconde ligne et dans les
cantonnements, les plus petites aises prennent
un air de luxe qui ravit. Quelle joie qu'un
« grand lavage à l'eau chaude » ! Quelle bonne
nuit dans la paille bien sèche ou mieux encore

dans un lit ! Quel bien-être on éprouve « dans une cuisine chaude, assis autour d'une table pour dîner » ! Ah ! ces journées de l'arrière, comme on en goûte le confortable ! Et il échappe, à André d'écrire dans son journal de route : « Quel changement d'être dans les plumes de la flèche et non dans la pointe ! »

Certains jours sont vrais jours de liesse. Appelé à l'arrière pour apporter son témoignage en un procès de conseil de guerre, Pierre est retenu à déjeuner par le colonel de Colbert. Tout lui paraît nouveau, luxueux, savoureux : « Il y avait, écrit-il en termes admiratifs, une nappe : il y avait en outre des serviettes, et même une pour chacun. Je me faisais l'effet d'un Huron fraîchement débarqué. » A peu de temps de là, André qui est, suivant l'expression de son frère, un excellent *chef de popote*, parvient à réunir quatre jésuites : deux sont lieutenants, deux autres sergents ; c'est le jour où l'on fête l'un des saints de la Compagnie de Jésus. Ils se mettent à table — cinq en comptant André — tout à fait à la manière d'une congrégation reconstituée ; et ensemble ils font un vrai festin.

Cependant tout s'assombrit par le froid, les brumes qui s'épaississent et la brièveté des jours. Le 1er et le 2 novembre, on est de service aux tranchées. Le 3, en la petite église de Mandres, une messe se célèbre pour les morts du bataillon. Les deux frères la servent en grande tenue : « Cela plut beaucoup, écrit André à sa mère. » L'aumônier bénit ensuite la tombe du commandant Rode et celle du soldat Vassy. Au lieu où l'on est fixé, l'on s'accommode de son mieux puisque, selon toute apparence, on y passera l'hiver. Les villages (mais qu'en reste-t-il déjà, qu'en restera-t-il surtout demain ?), c'est Seicheprey, Mandres-aux-Quatre-Tours, puis plus au sud Mesnil-la-Tour. Le commandant Rode a reçu un successeur : « Nous venons de *toucher* un nouveau commandant », écrit Pierre, qui continue à faire fonction de capitaine pour la 19e compagnie. On occupe pendant deux jours et deux nuits les tranchées de première ligne à 4 ou 500 mètres de l'ennemi ; ensuite s'intercalent deux journées et deux nuits de cantonnement en arrière de Mandres. Dans sa tranchée, Pierre a fait creuser un grand trou carré, et tailler dans la terre quatre sièges couverts de planches ; au milieu une table sert pour les écritures et les repas. A l'arrière, l'installation consiste en une hutte dont le plafond est fait de madriers épais : « Nous avons, écrit Pierre, un poêle trouvé dans les ruines et respecté par l'incendie. Nous avons installé une table, un plancher (peu jointif), quelques chaises et même un pouf dont je n'ai pas voulu chercher la provenance. » C'est en ce réduit qu'on se terre. Sur la table on écrit ou on joue, tantôt aux dames, tantôt aux cartes ; on cause, on fume, on lit. André lit *Eugénie Grandet*, puis *Faust*, mais sans plaisir, « la traduction, dit-il, gâtant tout. » Cependant, à de fréquents intervalles, la pensée se reporte sur les morts dont chaque jour la liste s'allonge. Quelques-uns ont eu ce triste bonheur qu'on sait le lieu de leur sépulture : « Nous faisons, écrit pieusement Pierre en l'une de ses lettres, la tournée des tombes amies. »

V

Quand, dans la cellule de Jersey, on classa, comme on fait pour des reliques, les papiers laissés un peu en désordre au moment du départ par le P. André de Gailhard-Bancel, on trouva dans ses notes de retraite de 1913 les lignes suivantes :

« Comme toujours, grande joie pendant la méditation sur la mort. Plus je vais et plus je désire la voir venir : elle est la grande libératrice des illusions, des dangers, des fautes. Elle est la grande révélatrice des mystères d'amour, de miséricorde dont Dieu nous entoure. Malgré mes fautes, je la désire de tout mon cœur ! Je ne pécherai plus ;

enfin, j'aimerai et pour toujours ! Je me suis offert à Notre-Seigneur pour mourir à la place de quelqu'un de mes frères, qui ferait ici-bas plus que moi pour la gloire de Dieu et le salut des âmes. »

Celui qui fixait la mort avec cette certitude sublime de l'au delà gardait au milieu des périls croissants sa calme et presque joyeuse sérénité. Sa sollicitude ne se porte que sur son frère. C'est pour ce frère, compagnon très aimé des dures journées de tranchées, qu'il forge des rêves. Il eût voulu pour lui le second et bientôt le troisième galon. Témoin quotidien de ses services et de sa vaillance, il ne doute point qu'on ne le propose bientôt pour la Légion d'honneur. Toujours oublieux de lui-même, il s'applique dans ses lettres à ses parents, à les rassurer et même à les égayer. Avec un aimable enjouement il leur dépeint les jours de bombance : « Je viens d'achever avec Pierre, écrit-il le 30 novembre, un excellent déjeuner dont le menu était ainsi composé : œufs durs, rôti chaud aux haricots, caillettes, viandes froides à la moutarde, fromage, chocolat, café chaud et liqueurs Vous allez dire : « C'est beaucoup trop. » Vous avez raison d'autant plus que nous étions à quelques mètres des *boches*. » Puis il ajoute avec une bonne grâce caressante : « Mais, chère maman, c'était la Saint-André. »

Trois jours plus tard, c'est la fête de saint François-Xavier. Il la célèbre silencieusement, dans l'intime ferveur de son âme. « Je lui demande, écrit-il, un peu de sa force de conviction pour insuffler à mes hommes l'esprit de devoir. » Sur ses entrefaites, il touche, par suite de sa nomination de sous-lieutenant, une indemnité de 400 francs. Bien vite, tout ce qu'il porte en lui de charité s'émeut ; il envoie l'argent aux Ramières : qu'on le lui garde, on l'emploiera pour l'une de ses œuvres de Jersey. Cependant sa correspondance enjouée, pleine d'abandon avec son père, avec sa mère, revêt dans ses lettres à ses frères en religion un accent particulier de gravité. Il écrit le 6 décembre :

« Un mot d'adieu ou de revoir, je ne sais. Un de ces jours, peut-être donnerai-je un coup de chien avec ma section, et qu'adviendra-t-il de son chef ? Dieu seul le sait. Je ne suis ni inquiet, ni troublé, au contraire ; mais ce matin à la sainte communion, je me suis préparé au grand passage. Savez-vous la joie qui m'emplit l'âme quand j'y songe ? Un seul sentiment — profond, celui-là aussi — combat la joie dans ces moments bénis de Dieu : c'est celui de mon indignité. Mais la confiance a vite raison de tout et je crois que là est le devoir et la vérité. Confiance, confiance toujours. »

Qui ne comprendrait, en lisant ces lignes, ce jugement qu'a porté sur le P. André de Gailhard-Bancel l'un de ses supérieurs : « En cette guerre, l'héroïsme a été chez beaucoup le sursaut d'une âme qui se réveille en présence des grands devoirs ; chez lui, il a été l'aboutissement normal, régulier, d'une vie qui ne s'alimentait vraiment que de l'amour de Dieu et de l'oubli de soi. » — Quoique avec moins de recueillement intime, Pierre donne les mêmes bons exemples. Il est toujours, et par un *intérim* qui se prolonge, le commandant de sa compagnie. Il est le premier par l'activité, par le dévouement. Il semble que son intelligence se soit élargie à la proportion de sa responsabilité. Son cœur recèle pour les malades, pour les blessés, des compassions infinies. De nouveau il a été atteint, cette fois à la main, et a été cité à l'ordre du jour du corps d'armée. Avec une jolie coquetterie juvénile, il s'est fait photographier les doigts bandés ; et c'est la dernière image que son père et sa mère conservent de lui. A mesure qu'il s'approche du terme, il semble que sa correspondance avec ses parents soit encore plus affectueuse, comme s'il eût été jaloux de graver jusque dans le cœur de ceux qu'il aimait, les traces profondes de sa tendresse. Il s'informe de tous, des gens du village, des serviteurs. Lui aussi, comme son frère, il s'applique à rassurer : « Nous sommes bien pourvus, dit-il, de toutes choses. » Puis il ajoute avec une exquise tendresse : « Nous avons surtout une chère maman qui pensé à nous. »

Et c'est ainsi que s'écoulent, pour les deux frères, les jours qui séparent du suprême combat.

VI

Le 11 décembre, la 19ᵉ compagnie était à Mesnil-la-Tour, c'est-à-dire à 15 kilomètres en arrière de la ligne de bataille. Vers le milieu du jour, André et Pierre eurent une surprise joyeuse, celle de l'arrivée de leur frère Henry qui, une fois déjà, était venu les voir ; car la section d'auto-canons qu'il commandait venait d'être affectée à la même armée. A déjeuner, il y avait, outre les trois frères, deux autres convives : le lieutenant de Lavalette et un aumônier, le P. Roulet. On parla des opérations prochaines. On prévoyait une grande attaque. Quel serait le rôle du 252ᵉ de ligne ? On l'ignorait. Un peu plus tard, M. Henry de Gailhard-Bancel partit. Dans les loisirs que lui laissait son service, André mit en ordre l'arriéré de sa correspondance. Ce fut ce jour-là qu'il écrivit à son ancien élève de Bollengo, René Golletty, le charmant billet qu'on a cité. Il répondit aussi à deux autres jeunes gens, Victor et Jean Pruvot qui lui avaient envoyé leurs vœux de fête. A l'un il disait en un suprême conseil : « Soyez généreux envers le bon Dieu. Il rend au centuple le peu qu'on fait pour lui. » A l'autre il parlait des jours anciens : « C'est dans la tranchée que j'ai reçu vos lettres à tous, et vous ne sauriez croire la joie qu'elles m'ont procurée. J'ai passé un moment délicieux, à Bollengo, au milieu de vous. » Et il ajoutait : « Ce cher Bollengo, le reverrai-je jamais ? » C'est qu'une impression le dominait, sans d'ailleurs le troubler, celle de sa fin. A un religieux, le P. Saint-Olive, qui servait comme sergent dans le même régiment, il parla des éventualités qui se préparaient, du lendemain qui serait sans doute jour de *casse sérieuse*. « J'ai, ajouta-t-il, le pressentiment de ma mort prochaine. » Comme le P. Saint-Olive se récriait, il sourit de son bon sourire et montra le ciel : « De là-haut, dit-il, on priera pour vous. »

A onze heures du soir, l'ordre arriva de quitter Mesnil-la-Tour. Le 12 décembre au matin, on atteignit la ligne des tranchées. Une pluie abondante tombait, détrempant le sol et présageant de mauvaises conditions pour une attaque. Les deux frères avaient appris que leur père songeait à venir les voir ;

l'un et l'autre ils lui écrivirent pour l'en dissuader : « Ne venez pas, ce n'est pas le moment, malgré tout le bonheur que nous causerait votre visite. » Pierre ajouta : « Que Dieu nous protège plus que jamais ! » Et ces lettres, qui portent la date du 12 décembre, sont les dernières qu'on conserve au château des Ramières.

Vers deux heures commença l'attaque des tranchées allemandes qui s'étendaient entre le village de Saint-Baussant et le bois de la Sonnard. La 21e compagnie du 286e régiment fut lancée d'abord : elle progressa lentement avec de grandes pertes. Une demi-heure plus tard, la 19e compagnie du 252e de ligne, — celle où servaient les deux frères, — reçut l'ordre d'aborder la ligne ennemie.

Ce qui suivit n'est connu qu'imparfaitement et par les récits bien incomplets des survivants.

On dit qu'avant l'assaut André invita ses hommes à faire leur acte de contrition et le récita lui-même à haute voix. Puis, armé de son fusil, il s'élança à la tête de sa section. On enfonçait profondément dans la terre glaiseuse. Il parvint pourtant à progresser. Par bonds successifs d'une vingtaine de mètres, il se rapprochait des tranchées allemandes. Un soldat nommé Gigoudan, qui était à côté de lui, fut blessé : « Vous êtes atteint, lui dit-il. — Ce n'est rien, » répondit le soldat.

A ce moment, André se leva sur le coude et épaula son fusil pour faire feu. Soudain, il s'affaissa. Il n'était qu'à quelques mètres des lignes allemandes. On vit du sang couler sur son front : « Adieu, Gigoudan », murmura-t-il, en s'adressant à l'homme qui était près de lui. Puis il retomba et ne bougea plus.

A peu de distance de son frère, et dans le prolongement de la même tranchée, Pierre, sur qui reposait le commandement de la compagnie, avait attendu le moment de marcher. A l'approche de l'assaut, plusieurs se troublaient, par souvenir de la famille, par un retour bien humain vers la vie. Calme, impassible, avec un ascendant fait d'autorité et d'affection, le jeune officier communiquait le courage et la confiance. S'adressant à l'un de ses sergents, le sergent Lombard, il lui disait avec un bon sourire : « Allons, Lombard, allons-y. » L'ordre vint. Le premier, il s'élança de la tranchée, magnifique de vaillance. Comme son frère, il progressa, avançant par bonds à travers le terrain détrempé. Un instant plus tard, il s'affaissa et, d'après plusieurs témoignages, à proximité immédiate des tranchées allemandes. « Je l'ai vu tomber », a déclaré l'un des sous-officiers de sa compagnie. On le crut d'abord blessé et peut-être aux mains de l'ennemi. Bientôt l'espoir s'évanouit, et l'on ne put plus douter

que les deux frères n'eussent été, à la même
heure, presque à la même minute, à quelques
pas l'un de l'autre, enveloppés dans le même
trépas glorieux.

Les horreurs de la guerre abrègent tout,
même les regrets. Pourtant, quand, à l'approche de la nuit, la compagnie fort diminuée
se rallia dans les lignes françaises et quand
on chercha en vain les deux officiers, ce fut
une explosion de douleur. Beaucoup ne purent,
dit-on, se retenir de pleurer. L'éloge revêtit
toutes les formes, tour à tour simple et
enthousiaste : « Ils étaient si vaillants, si
généreux, si oublieux d'eux-mêmes » ; « c'é-
taient de vrais chefs », ajoutait-on. Les jours
suivants, dans les entretiens, dans la correspondance, la louange se grava. En une lettre,
je lis ceci : « Ils ont mérité l'admiration de
tout le régiment. » Dans une autre : « On a
rarement vu des officiers si bons pour leurs
hommes. » Dans une troisième qui est d'un
caporal, modeste ouvrier verrier, je trouve
ces lignes touchantes : « Je vois toujours
devant mes yeux le lieutenant Pierre de
Gailhard-Bancel nous encourageant du geste
et de la parole, et toujours avec le sourire
qui nous mettait le baume au cœur. Malgré
la mitraille qui faisait rage, il restait devant
nous pour nous rassurer, debout, cible vivante,
défiant l'ennemi. Les balles ne l'intimidaient

pas, c'est à peine s'il daignait baisser la tête à leur passage. Ah ! oui, il n'y a pas un poilu de la 19e compagnie qui n'ait eu les larmes aux yeux lorsqu'on a vu l'affreux malheur qui venait de nous frapper. Je crois qu'on pourrait fouiller l'Allemagne de fond en comble pour trouver des officiers qui aient eu le courage de MM. de Gailhard-Bancel. » Une triste consolation eût été de retrouver les chères dépouilles. Sur le terrain battu par le feu violent de l'artillerie, toute recherche était impossible. Et le regret s'accrut par la pensée qu'on ne pourrait rendre aucun honneur funèbre à ceux qu'au petit cimetière de Mandres on avait vus plus d'une fois pieusement agenouillés sur la tombe de leurs camarades.

Ils sont confondus en terre lorraine, dans la multitude de ces morts humbles et glorieux qui ne se réveilleront qu'au dernier jour. Peu importe leur corps mortel. C'est dans la grande patrie d'en-haut que les cherchent aujourd'hui ceux qui les ont aimés. Qu'ajouterais-je à ce que j'ai dit ? Quelles paroles pourraient atteindre à la hauteur où ces grandes âmes sont montées ! J'achève cette notice le jour de la Toussaint et je ne veux point, pour la clore, attendre demain, jour des trépassés. C'est que la vraie fête des chers enfants n'est pas celle des âmes souffrantes, mais celle d'aujourd'hui, celle des âmes bienheureuses. Ce soir du 1er novembre, je relis l'évangile de la solennité qui est celui des *béatitudes* et, parmi les promesses de Jésus, je n'en sais aucune qui ne s'applique avec une vérité littérale, à ces deux morts bien-aimés. *Bienheureux les pauvres d'esprit*, a dit Jésus ; et ils ont pratiqué la vertu de détachement. *Bienheureux ceux qui sont doux ;* et même au milieu des horreurs de la guerre, ils ont recherché tout ce qui rapproche les hommes et les unit. *Bienheureux ceux qui pleurent ;* et ils ont pleuré sur leurs frères morts comme aujourd'hui nous pleurons sur eux. *Bienheureux ceux qui ont faim et soif de la justice ;* et c'est pour la justice qu'ils se sont levés. *Bienheureux ceux qui sont miséricordieux ;* et ils ont été secourables à tous, mais surtout aux plus humbles. *Bienheureux ceux qui ont le cœur pur ;* et ils sont tombés dans la radieuse pureté de leur jeunesse. *Bienheureux les pacifiques ;* et jusque dans les tranchées, le fusil à la main, ils ont, comme André, répété dans leur cœur le mot des livres saints : « Aimez-vous les uns les autres. » *Bienheureux ceux qui souffrent persécution pour la justice ;* et ils ont souffert jusqu'à la mort pour l'intégrité du droit. Il est arrivé parfois que des pères et mères chargés d'années se sont agenouillés sous la bénédiction de leur fils promu au sacerdoce. Par ce geste d'humilité, ils ont cru, non amoindrir, mais rehausser la dignité paternelle, tant ils jugeaient auguste la main qui consacrait à l'autel ! Si je ne me trompe, sacrées aussi seront dans l'avenir les mains qui auront porté les armes pour le pays. L'hommage devra être double quand la mort aura scellé le sacrifice. Or, nul n'a mérité mieux cette vénération que les deux chers enfants qui ont porté dans leur cœur le double amour de Dieu et de la patrie ; et c'est à genoux que les vieillards eux-mêmes doivent penser à eux et les prier.

1er novembre 1916.

CITATIONS A L'ORDRE DU JOUR

Ordre général de la 64ᵉ Division.

Le général commandant la 64ᵉ Division cite à l'ordre de la Division, le sous-lieutenant *André de Gailhard-Bancel*, du 252ᵉ Régiment d'Infanterie :

« A été tué le 12 décembre 1914, en accomplissant son devoir avec une bravoure et une énergie admirables à l'attaque des tranchées allemandes au nord du Bois de Remières. »

28 mai 1915.

Ordre du Régiment, nº 12.

Le colonel commandant le 252ᵉ Régiment d'Infanterie cite à l'ordre du Régiment, le sous-lieutenant *Pierre de Gailhard-Bancel* pour sa belle conduite au feu.

20 septembre 1914.

Ordre général du 31ᵉ Corps d'Armée, nº 23 F.

Le général commandant le 31ᵉ Corps d'Armée, cite à l'ordre du Corps d'Armée le sous-lieutenant *Pierre de Gailhard-Bancel*, du 252ᵉ Régiment d'Infanterie :

« Blessé à la main au combat de Seicheprey,

le 18 novembre, n'a pas voulu quitter le commandement de sa compagnie pour se faire panser et a refusé de se faire évacuer ; déjà blessé le 8 septembre, à Buissoncourt. »

28 novembre 1914.

Ordre général de la 1re Armée, no 123.

Le général commandant la 1re Armée, cite à l'ordre de l'Armée, le sous-lieutenant *Pierre de Gailhard-Bancel :*

« Le 12 décembre, a entraîné sa compagnie entière à l'assaut des tranchées ennemies, avec un incomparable entrain. Deux fois blessé antérieurement, n'avait jamais voulu se faire évacuer. »

1er février 1915.

UN GRAND ÉVÊQUE

Mgr LOBBEDEY, évêque d'Arras [1].

En la vigile de Noël, il est allé vers Dieu. Il nous a quittés sans avoir vu les ruines réparées, la justice restaurée, la paix rétablie. Ce n'est pas lui qui replacera la croix sur le fronton des églises profanées ; et quand Arras renaîtra sous ses glorieux décombres, sa main ne s'étendra point pour bénir les murailles relevées.

Au jour de sa consécration épiscopale, il avait adopté cette devise : *Spicas, non spinas* : des épis, non des épines. Dieu l'avait marqué pour un destin plus sévère. Il s'est débattu au milieu des épines et n'a point vu mûrir les épis. Mais, à travers les épreuves, les deuils, les périls, il a semé les germes, germes de foi, de vaillance, de patriotisme ; et tout le peuple fidèle d'Artois se souviendra de lui quand, dans la sécurité reconquise, il recueillera la moisson.

Je n'ai rencontré que rarement — trop

---

(1) *Echo de Paris*, 11 janvier 1917.

rarement à mon gré — Mgr Lobbedey. Mais mes souvenirs se ravivent aujourd'hui avec la précision douloureuse qui s'attache aux hommes ou aux choses qu'on ne retrouvera plus. Je le revois, tel qu'il m'est apparu pour la première fois : de taille assez haute, de vigoureuse stature, robuste de corps autant que d'esprit, avec tous les dehors qui promettaient une longue vie. En lui nulle élégance, nulle recherche, un abord plutôt un peu fruste, mais un aspect de dignité épiscopale qui ennoblissait tout. Sous les lunettes, un regard très perçant, très scrutateur, comme il arrive à certains prêtres, habitués à fouiller jusqu'au fond des âmes. Cependant sur les lèvres un large sourire s'épanouissait qui invitait à la confiance et marquait la bonté. Sa conversation, très simple, très cordiale, sans aucun souci de paraître, devenait tout à coup vibrante quand il s'agissait des humbles et des pauvres. Je me rappelle que lui ayant parlé des ouvriers mineurs du bassin houiller de Béthune et de l'indigence morale où beaucoup d'entre eux vivaient, il m'interrompit : « Comme je voudrais, dit-il, aller à eux ! » et en un langage tout coloré d'émotion, il ébaucha le plan d'œuvres à créer, d'oratoires à construire, de groupements nouveaux à organiser ; de temps en temps il s'arrêtait : « Les pauvres, les chers mineurs, disait-il, ils ne me connaissent pas assez, mais moi je les connais bien et je les aime bien. » C'est qu'il se distinguait par deux qualités maîtresses : il portait en lui l'énergie d'un chef et la tendresse d'un bon pasteur.

Mgr Lobbedey — et ce fut l'une de ses heureuses fortunes — était presque le compatriote de ses diocésains. Il était né à Bergues, en pays flamand, terre de tradition intacte et de foi inébranlée, qui a gardé l'une des meilleures populations agricoles de France. Sa condition était modeste ; ni richesse ni pauvreté ; mais au foyer paternel plusieurs amours féconds : l'amour du travail, l'amour du sol natal et, par-dessus tout, l'amour de Dieu. Celui qui devait marquer sa vie par de si notables services fut façonné par toutes les formations qui aident à l'entier développement de l'intelligence et du cœur ; formation familiale en un milieu sans tache ; formation intellectuelle complétée par de hautes études achevées à Rome ; formation sacerdotale par les ministères les plus divers, celui de professeur, celui de curé, puis à Cambrai celui de vicaire général. Ainsi arriva-t-il que, par une ascension régulière et tranquille, le jeune prêtre, parvenu à l'âge mûr, devint en 1906 évêque de Moulins ; en 1911, évêque d'Arras.

Le 6 juin 1911 fut jour de grande liesse

pour la ville d'Arras. Ce jour-là, elle reçut son évêque. D'avance elle l'aimait, le tenant pour un compatriote, et le sachant homme de vertu. Donc, en l'honneur de son hôte, la vieille cité se revêtit de toutes ses pompes. C'était le mois des fleurs, et elle embellit de verdure ses façades. Les deux places espagnoles — la grande et la petite — s'ornèrent, et autour des arcades, vieilles de trois siècles, se fixèrent les guirlandes. Toutes les cloches sonnèrent : au centre de la ville, celles de Saint-Jean-Baptiste, aujourd'hui détruite, et, sur la colline de Beaudimont, celles de Saint-Nicolas, encore à demi respectée. Joyeusement, dans le haut beffroi, le carillon fit éclater ses airs, tandis qu'au sommet le lion de cuivre, maintenant abattu, brillait sous le soleil d'été. Par le large et haut escalier, le cortège entra dans la cathédrale, et le grand édifice de style néo-grec, tout froid et nu, parut s'animer, tant la foule qui le remplissait respirait l'allégresse ! Ce fut, pour le peuple d'Arras, l'une des dernières fêtes avant la grande ruine. Et au milieu de toutes ces pompes, l'évêque promit d'être tout entier, et à tout jamais, à ses ouailles.

*
* *

Ce fut l'engagement solennel. Trois ans plus tard, la guerre vint qui le scella.

Au temps des invasions, il arriva souvent
que, dans la Gaule, la gratitude publique
conféra à l'évêque le titre de défenseur de la
cité, *Defensor civitatis*. Tels avaient été les
évêques des premiers siècles ; tel fut l'évêque
d'Arras en face des nouveaux barbares. On
ne veut ici diminuer aucun service, tous
ayant fait émulation de patriotisme et de
courage. Qu'il suffise de dire que Mgr Lobbedey
ne souffrit point que personne le dépassât.
A la première nouvelle des hostilités, il fit de
son séminaire une ambulance. Le 6 octobre 1914,
commença le bombardement. Le 30 octobre,
il redoubla, et rien qu'à l'hospice des vieillards
précipita dans la mort vingt-cinq victimes.
Ce jour-là même, l'évêque sortit, accompagné
de ses deux vicaires généraux, et parcourut
les rues les plus menacées, jaloux qu'il était
de se montrer tout ensemble le chef qui
raffermit, le chrétien qui console, le prêtre
qui absout. Le mois suivant, le bombardement
continua et bientôt on ne compta plus. Le
courage de l'évêque grandit comme grandis-
sait le péril. Au milieu des ruines chaque
jour plus lamentables, on le vit, visitant les
hôpitaux, descendant dans les caves, assistant
les malades, consolant les blessés, donnant
avec une générosité qui ne comptait jamais,
et communiquant à tous la flamme de son
dévouement. Le dimanche, il se plaisait à

rassembler ce qui restait de fidèles : plusieurs fois il les réunit en une chapelle qu'on appelait la *chapelle des Ardents* et leur parla, comme il savait en parler, de Dieu, de la patrie, des mérites mystiques de la souffrance. Hors d'Arras, quelques paroisses étaient encore accessibles. Un dimanche, — c'était le 15 novembre, — il se rendit au village de Dainville. Il y célébra l'office et se mit à prêcher. Comme il était en chaire, un obus éclata tout près de l'église. Le sermon continua. Mais voici un second obus, puis un troisième, et les débris de pierre et de tuile qui arrivent jusqu'au portail. « Nous sommes repérés », dit-on. Alors seulement l'assistance s'écoula, suivie de l'évêque qui sortit le dernier.

Tout en avant d'Arras, les tranchées s'étendaient. Les beaux jours de l'évêque étaient ceux qu'il passait parmi les soldats. Tantôt il célébrait la messe au milieu d'eux ; tantôt il présidait les funérailles. Il trouvait pour leur parler des accents d'une simplicité éloquente et d'une bonne grâce infinie. Il avait le secret des mots qui attirent et des beaux gestes qui conquièrent. Parfois son langage se haussait jusqu'à une grandeur tragique : ainsi en fut-il le 10 mai 1915, au temps de l'Ascension quand, au faubourg de Saint-Nicolas, il bénit la fosse où reposaient quarante-deux officiers ou soldats. « Montez, dit-il, avec le Maître vers la gloire et la récompense. » Par intervalles, le fracas des projectiles interrompait les paroles de l'évêque. Quand il eut fini, des mains pieuses étendirent quelques branches de lilas sur le lieu de la sépulture ; et vers les glorieux morts les drapeaux s'inclinèrent une dernière fois comme en un suprême baiser.

On vit bien alors ce que peut le bon exemple. Sous l'impulsion de l'évêque, le culte continua dans Arras, avec les seuls changements que comportait la dévastation des sanctuaires. L'un des jours les plus terribles du bombardement, une cloche tinta à l'église Saint-Nicolas : c'était le bedeau qui, à la manière des jours calmes, sonnait tranquillement le *salut*. Dans la paroisse Saint-Jean-Baptiste, comme l'église était en ruines, les fidèles se réunirent à la chapelle du pensionnat Jeanne d'Arc, et y célébrèrent la fête annuelle de l'adoration. Par une sorte de point d'honneur, on se piqua même de garder l'étiquette accoutumée. Le 1er janvier 1915, le prélat reçut, comme aux temps paisibles, son clergé : les prêtres étaient au nombre de 26 ; le doyen du chapitre fit la harangue traditionnelle, et l'évêque, la sienne. Un peu plus tard, dans la soirée du 22 mai, le salon épiscopal de la rue des Fours se rouvrit pour la fête de Mgr Lobbedey ; une vingtaine d'ecclésiastiques vinrent apporter leurs hommages au chef dont ils étaient fiers, et la seule addition au programme habituel fut un projectile qui éclata, vers dix heures, dans le jardin de l'évêché. Beaucoup de détachement inspire beaucoup de sang-froid. Non seulement les cérémonies liturgiques se continuèrent dans les chapelles ou les édifices privés ; mais, le jour de la fête-Dieu, la procession se déroula dans le décor des ruines, et, précédant le Saint-Sacrement, les enfants jonchèrent de fleurs les rues désertes où déjà les herbes folles poussaient.

Toute pressée par l'ennemi, Arras était malaisément accessible, et l'évêque se devait à son diocèse tout entier. Ayant accompli envers la cité malheureuse tout son devoir, Mgr Lobbedey, en juillet 1915, transféra sa résidence à Boulogne. C'était pour lui, non le repos, mais la continuation du labeur où ses forces s'usaient. Sa sollicitude se porta sur les réfugiés, les orphelins, les églises dévastées. Œuvres d'assistance, d'enseignement, de propagande catholique, il eût voulu pourvoir à tout. Il souffrait pour ses diocésains dans la proportion même où il les aimait. On eût dit que l'épreuve avait achevé de l'épurer. Jadis, il s'était montré parfois trop prompt à la lutte, autoritaire à l'excès quoique toujours généreux, non toujours prémuni contre les périls de l'intransigeance. Maintenant, il s'adoucit ; plus que jamais son âme se revêt de bonté ; il souhaiterait qu'un surcroît d'indulgente charité fût pour tous le fruit de l'épreuve où tous se débattent. Naguère la croix de la Légion d'honneur lui a été conférée, et cette distinction l'a rendu tout heureux, comme signe de rapprochement et de paix civile. Il n'a jamais eu d'ennemis. A-t-il encore des adversaires ? Il est si grand Français qu'il plane au-dessus des discordes, si grand évêque que son nom seul, en commandant le respect, invite à l'union.

C'était vers Dieu que Mgr Lobbedey tournait de plus en plus ses pensées. Déjà certains signes l'avertissaient de la fragilité de sa vie. On m'assure que, dans les épanchements de l'intimité, il parla plus d'une fois de sa fin prochaine. Il rédigea son testament spirituel. Ses jours se prolongeraient-ils assez pour qu'il reprît possession de sa ville épiscopale ? Il semble qu'il en ait douté, car il exprima le vœu d'être inhumé à Boulogne, dans ce sanctuaire de Notre-Dame où tant de fois il avait prié. Ses forces déclinaient, mais sans que son activité se ralentît. Comme son diocèse était limitrophe du diocèse de Cambrai, occupé par l'ennemi, il jugea que son devoir était de protester contre les déportations allemandes ; il le fit publiquement, avec une solennité magistrale et une véhémence indignée. Une fois encore, il saisit la plume pour rendre hommage à un vénérable évêque, Mgr Monnier, coadjuteur de Cambrai, qui venait de s'éteindre à 96 ans et qui avait été son guide dans la vie spirituelle. Le 23 décembre, quoique souffrant, il conféra dans sa chapelle privée l'ordination à trois prêtres, et, sans fatigue apparente, accomplit jusqu'au bout les saints rites. Ce fut sa dernière fonction. Le lendemain, on le trouva mort. Celui qui avait si bien servi la patrie d'ici-bas venait d'être appelé par Dieu à célébrer la fête de Noël dans l'autre patrie.

Je viens de lire le récit des funérailles. Elles me frappent, non par leur pompe, non même par l'explosion spontanée de la douleur populaire, mais par le concours universel de tous ceux que la vie avait divisés. Hommes de toute condition et de toute origine, de toute opinion, de tout parti, de toute croyance, se sont, — pareillement recueillis et émus, — rassemblés autour du cercueil. En cette belle unanimité qui fut celle d'un jour, j'aimerais à voir le symbole d'une concorde plus durable, c'est-à-dire le ferme propos d'une mutuelle tolérance, d'un mutuel respect, d'une mutuelle justice. Que ce fruit de concorde soit du moins celui que nous recueillerons de nos dures épreuves ! Le grand évêque qui vient de nous quitter a beaucoup lutté dans sa vie, et avec ardeur; car il ne redoutait point le combat. Mais je me figure que, dans l'éternelle lumière où il est entré, sa suprême parole, s'il pouvait encore la faire entendre, serait celle du cantique des anges au berceau de Jésus naissant : Paix aux hommes de bonne volonté !

UN AUTRE HÉROÏSME

LES RELIGIEUSES DE VILLEPINTE [1]

Nul ne sait quel sera le lendemain de
la guerre. Ce qu'on peut assurer, c'est que,
sur la route — fût-elle jonchée de lauriers —
se traîneront tous ceux qu'un incroyable
surcroît d'efforts, prolongé pendant plusieurs
années, aura atteints dans les sources de la
vie. Les femmes n'échapperont pas aux
suites du surmenage, tant elles dépensent
aujourd'hui leurs forces — et jusqu'à la plus
entière usure — dans toutes les fonctions où
elles remplacent les hommes ! Si elles n'ont
pas, comme les combattants, leurs mutilés,
elles auront leurs invalides. De là l'opportunité, non seulement de maintenir mais d'accroître toutes les institutions d'assistance
créées pour elles et destinées à soulager
leurs infirmités.

Si je ne me trompe, cette pensée était celle
d'un grand nombre quand, il y a quelques

____

(1) *Echo de Paris*, 6 juin 1917.

jours, dans les salons de Mme la marquise de Montaigu et sous la présidence du cardinal Amette, l'Association de Villepinte, dirigée par les *Sœurs de Marie-Auxiliatrice*, tint son assemblée générale. On ne s'était point réuni depuis la guerre ; et tous se sentaient étreints du même souci, celui de la disproportion entre les ressources existantes et les charges qu'imposeraient les misères futures.

On connaît cette œuvre admirable de Villepinte. Il y a plus de cinquante ans, une Française, avide de bien servir, Thérèse de Soubiran, rechercha, dans la magnanimité de son cœur, qui elle pourrait le mieux aider et consoler. Entre toutes les misères de ce temps, une surtout la frappa, à savoir l'abondance des germes morbides que déposent dans l'organisme des jeunes filles, des jeunes femmes, l'insalubrité des logements, les contaminations des usines, les veilles précoces et prolongées de l'atelier, l'atmosphère alourdie des grands magasins. Tout émue de sollicitude, elle créa à leur intention, vers 1864, à Toulouse, à Lyon, à Paris, des maisons de repos où se referaient les corps affaiblis, où se referaient aussi les âmes. Cependant, parmi toutes ces jeunes anémiées, une maîtresse cause de destruction apparut : la phtisie. Dès lors, le dessein se circonscrivit, se précisa, et l'on médita — chose toute nouvelle alors — l'établissement d'un sanatorium pour les tuberculeux.

Les œuvres les plus fécondes sont souvent celles qui commencent petitement. Thérèse de Soubiran et les religieuses qu'elle s'était données pour compagnes, commencèrent par une modeste fondation de douze lits, en la commune de Livry. Une des jeunes filles hospitalisées, dont la fin fut très sainte, eut, dit-on, le pressentiment d'une grande entreprise qui naissait, et, avec l'obstination des mourants, recommanda la confiance. Pour le succès, elle légua naïvement tout ce qu'elle avait : 18 francs. L'obole du pauvre se grossit par les contributions du riche. En 1880 fut acquis le domaine de Villepinte. Avec le temps, d'autres fondations suivirent : Champrosay, une vaste propriété rurale destinée aux jeunes filles anémiées, mais non atteintes ; puis un petit établissement à Hyères, et un autre, entre Hyères et Toulon, au Pradet ; enfin à Paris, la maison de la rue de Maubeuge, à la fois maison-mère pour les religieuses, dispensaire et maison de famille. Mais Champrosay, Hyères, Le Pradet, ne sont qu'établissements annexes. La création principale, c'est Villepinte. Là s'opèrent les guérisons, là se consomment les morts saintes. Pour les *Sœurs de Marie-Auxiliatrice*, Villepinte est à proprement parler leur champ de bataille ;

et chacune en y entrant a pu répéter cette parole des Livres sacrés : « J'ai choisi ce lieu pour le lieu de mon sacrifice. »

« La vraie charité, a dit saint Vincent de Paul, ouvre les bras et ferme les yeux. » Les *Sœurs de Marie-Auxiliatrice* se sont inspirées de cette maxime. Le défaut de place limite seul la largeur de leur charité. A celles qui arrivent, elles ne disent point : « Avez-vous de l'argent ? » à la manière des aubergistes. Elles ne disent point non plus : « N'êtes-vous pas en danger imminent de mort ? » à la façon de ces administrateurs de villes d'eaux qui ne veulent pas de convoi funèbre dans leurs rues. Elles ne disent pas davantage : « Êtes-vous guérissables ? » comme ces enregistreurs de succès qui auraient peur de déparer leur statistique. Elles ne disent pas : « D'où venez-vous ? » comme ces défiants incurables qui se perdent dans les références. Elles ne disent pas : « Quel est votre Dieu ? ou même en avez-vous un ? » car à leurs yeux quiconque souffre en son corps est un envoyé de Jésus. Elles ne disent même pas : « Avez-vous péché ? », car elles sont les filles de Celui qui a relevé Madeleine. Non, elles ne disent pas tout cela ; mais un seul mot sort de leurs lèvres : « Vous souffrez, ma chère enfant, ma chère sœur en Jésus-Christ, entrez ! vous êtes chez vous. »

Elles entrent. Une sollicitude attentive s'est appliquée à écarter tout ce qui offrirait l'aspect d'un hôpital. Beaucoup d'arbres, et un grand regret — j'en ai été le témoin — quand on est contraint d'en abattre un ou deux : une apparence, tantôt de préau ou de parc, tantôt de métairie. Une vue qui n'est pas belle, car c'est la plaine toute plate et au bout, Paris, qu'on devine dans un nuage de fumée ; du moins la ville est assez loin pour qu'aucun miasme n'arrive. Par des baies largement percées, le soleil pénètre. Partout des chaises longues garnies de coussins qui invitent aux longs repos. Cependant les sourds et irritants progrès du mal ont souvent surexcité les nerfs jusqu'à l'énervement ; bien vite les religieuses ont deviné cet état ; et en une ambiance d'humeur égale et souriante, elles s'appliquent à détendre les corps en rassérénant les âmes.

La charité enseigne une psychologie qu'aucune école humaine n'apprendrait. Il faut bercer doucement ces pauvres enfants pour qui la vie, à peine effleurée, a déjà été rude. Il faut les distraire sans les étourdir, les occuper sans les fatiguer, les égayer sans les surexciter, les adoucir sans les brusquer, relever leurs espoirs mais pas trop, de crainte de réveils trop cruels. On place en leurs mains quelques travaux d'aiguille, on les apaise par un peu de musique, on leur ménage quelques menues gâteries ; on fait passer sous leurs regards des images pieuses, des gravures amusantes, — amusantes, mais pas jusqu'à la bouffonnerie, car trop de gaieté aigrit ceux qui souffrent. Je parcours la salle où beaucoup sont étendues, et les dortoirs, souvent de quatre lits, où plusieurs demeurent couchées. Celle-ci fait de la « frivolité » ; celle-là façonne avec un peu de gaze mauve de mignons chapeaux d'une légèreté étonnante, mais qui, sortant de ses mains, ne pourront être portés que par ses compagnes ; une troisième tient un lourd eucologe que son bras soutient à peine. Une quatrième, une institutrice du Jura, est toute plongée dans la lecture ; j'essaie de causer avec elle et suis sans doute maladroit, car, à l'évocation de son pays et des enfants de l'école qu'elle a laissées là-bas, ses yeux s'emplissent de larmes. En une autre salle je distingue des adolescentes, presque des enfants ; les unes jouent aux dames, les autres habillent une grande poupée : ce serait la sérénité, presque la gaieté si, de temps en temps, des quintes de toux, soulevant les poitrines, ne révélaient le terrible mal.

Trois quartiers, soigneusement séparés les uns des autres, répondent aux trois degrés de la maladie. Au premier degré, les guérisons sont presque la règle. Au bout de quelques mois, les portes s'ouvrent. Jusqu'au seuil, les religieuses accompagnent celle qui va partir. En se séparant d'elle, elles ne l'abandonnent pas. Par des réunions mensuelles, organisées rue de Maubeuge, elles s'appliquent à garder les liens contractés en des jours de détresse et qui ne doivent plus se briser.

Souvent l'auscultation a révélé des désordres plus inquiétants. Les germes infectieux ont commencé à détruire la substance pulmonaire. La malade est conduite dans le quartier des tuberculeux du second degré. Là se déroule le drame entre la mort et la vie. Cette période est la plus terrible pour la patiente, la plus critique pour les religieuses. Tremblements, espoirs, révoltes, abattements, ressauts de gaieté, pressentiments funèbres, tout se mêle en une lutte à la fois obscure et tragique, avec de longs silences coupés de soupirs désolés. Parmi ces malades du second degré, il y aura — et en grand nombre — des améliorations; il y aura des guérisons aussi. Pourtant celles-ci deviennent plus rares. Un jour, l'auscultation a révélé des ruines qui ne se réparent plus. La sœur a rassemblé tout son courage. Elle contient son cœur, refoule son émotion, parvient même à fixer sur ses lèvres un sourire : « Mon enfant dit-elle en essayant un ton d'indifférence, vous avez besoin de plus de paix, de plus de silence. » Elle s'interrompt, parle d'autre chose ; puis elle reprend : « Décidément vous serez mieux dans une autre salle. » Elle s'arrête, en ayant dit assez, craignant d'en avoir dit trop, et comptant sur cette grâce d'illusion qui se pose, comme une grâce d'état, sur les poitrinaires. Et la pauvre phtisique entre dans le quartier du troisième degré.

Je ferais peu de cas du cœur de l'homme qui pénétrerait sans une émotion profonde en ce dernier cercle de la souffrance. Et pourtant, en dépit de toutes les révoltes de la chair, il semble que la paix, une sorte de paix divine, se soit fixée dans cet asile de douleurs. Entre la rangée des lits, deux ou trois religieuses circulent, toutes vêtues de blanc. L'heure est venue pour elles du grand ministère, celui qui incline doucement, maternellement vers l'autre vie. Leur art suprême est d'amoindrir par degré les illusions sans les dissiper, de montrer le terme et de le cacher. Elles ne suppriment pas brusquement l'espérance ; seulement, par un travail intime, à la fois humble, savant et magnifique, elles substituent à l'espérance de la vie l'espérance divine, en sorte que l'une grandit à mesure que l'autre s'efface ; et comme on éteint peu à peu les cierges d'un autel, elles n'achèvent d'éteindre les lumières de la terre que quand elles ont allumé le flambeau qui ne s'éteindra plus. Ainsi s'obstinent les saintes religieuses, en un labeur perpétuellement recommencé qui consiste à détacher des créatures jeunes de tout ce qu'elles ont aimé, à les fixer en un état pacifié, visiblement béni, à les élever jusqu'à cette oblation de soi qui est le terme final et souverain de la vie chrétienne. Pour les *Sœurs de Marie-Auxiliatrice,* la sublimité de la tâche en absorbe l'amertume ; et, n'ayant d'autre perspective que de voir mourir, mourir encore et toujours mourir, elles vivent en cette atmosphère de douleur, à la fois déchirées par tant de souffrances, et rassérénées, presque radieuses, par la joie de tant d'âmes conquises à Dieu. Comme j'exprimais à Mme la Supérieure la tristesse de ce rôle humainement inconsolé, elle me répondit : « C'est le poste le plus envié. » J'ai retenu le mot ; je n'en sais point de plus beau.

Et maintenant je sais bien ce qu'ambitionneraient les saintes filles. Pour diminuer le nombre des victimes de la tuberculose, le plus essentiel serait d'épier les premières prédispositions du mal, et de le combattre, de l'étouffer, pour ainsi dire, avant qu'il n'ait éclaté. Le domaine de Champrosay est le type le meilleur des maisons de repos. Si des dons généreux pouvaient multiplier les fondations pareilles, combien ne sauverait-on pas de vies humaines ! Tel est le premier souhait. A côté de ce vœu, j'ai distingué, cru distinguer, chez les *Sœurs de Marie Auxiliatrice*, un regret un peu attristé. Elles se plaignent — non de leurs peines — mais de ne pouvoir se dévouer de suite à celles qui réclament leurs soins. Elles ont trop peu de lits ; elles craignent surtout d'en avoir trop peu quand le surmenage né de la guerre aura accru le nombre des malades. « Souvent, me disait la supérieure, on nous annonce une tuberculeuse peu atteinte ; nous sommes pleines d'espoir. Mais un long temps s'écoule avant qu'un lit soit vide. Dans l'intervalle, le mal empire, et celle que nous comptions sauver n'arrive chez nous que quand tout espoir est perdu. »

Qui ne serait touché de ce langage des admirables sœurs ? Leur requête est discrète, et dans l'abondance d'infortunes plus urgentes encore, elles ressentent la pudeur de paraître quêter. Mais elles ne peuvent se défendre de rêver. Elles rêvent un Villepinte agrandi : plus de lits fondés, plus de pavillons construits, et, dans notre patrie si affaiblie de son sang perdu, plus d'existences ravies à la mort. Suis-je téméraire de traduire ici cet appel à la fois pressant et contenu, ardent et timide ? Les anciens avaient leurs autels, où ils sacrifiaient dans les jours de détresse, pour se rendre les divinités propices. Faisons de même, dans l'esprit renouvelé de l'Evangile ; et, à l'heure où nos destins sont entre les mains de Dieu, sachons mériter ses faveurs par un surcroît de sollicitude envers ceux qui, étant les plus humbles, les plus pauvres, les plus infirmes, sont aussi les plus puissants auprès de lui.

UN LILLOIS D'AVANT-GUERRE

PHILIBERT VRAU [1]

I

La guerre opérant à la manière d'un cataclysme, a séparé de nous, comme par un abîme, tout un bloc de la patrie. Une longue et large bande de territoire apparaît, provisoirement détachée, très proche, très lointaine aussi, et plus cruellement enserrée qu'aucune place assiégée ne le fut jamais. De temps en temps, quelques-uns rentrent, par convois plus ou moins nombreux, et avidement on les interroge comme on ferait pour des voyageurs arrivés de régions inconnues. J'ai eu l'occasion d'entretenir beaucoup de ces rapatriés : chez la plupart d'entre eux un admirable courage que trois années de séquestration n'ont point abattu ; un patriotisme non seulement intact, mais poussé parfois jusqu'à l'exaspération; surtout une invincible confiance

---

et qu'il faudrait plutôt modérer, car volontiers elle se teinterait des plus extraordinaires illusions. Que si l'on tente de percer à travers les âmes, souvent on y découvre un peu d'amertume. Volontiers ces exilés d'hier reprocheraient à la France qu'ils revoient d'être trop pareille à ce qu'elle était jadis. Aisément ils se scandalisent de tout ce qui semble plaisir, prennent pour frivolité coupable ce qui n'est que diversion et, avec une nuance réprobatrice, comparent l'abondance relative de ce qu'ils retrouvent à la pénurie de ce qu'ils ont quitté. Par-dessus tout, avec l'humeur ombrageuse de ceux que le malheur a un peu aigris, ils se plaignent qu'on ne pense pas assez à eux et, pour ainsi dire, qu'on les oublie. Il ne le disent pas, mais ils le laissent entendre en des phrases tristement inachevées ou en des silences douloureux. En cet état d'âme, ils comptent jalousement les sympathies. Ils aimeraient qu'on les consolât par leur propre histoire et que, dans la France demeurée libre, on réchauffât le souvenir de ce que fut cette autre France encore captive.

Cette impression, je l'ai recueillie tout dernièrement, et d'une façon très nette, en un entretien avec l'un des habitants de Lille : de là le dessein de parler un peu de cette populeuse cité, la plus importante de toute la région occupée et qui est passée subitement de l'extrême prospérité à l'extrême infortune.

Je l'ai bien connue autrefois, cette grande ville. Elle est d'aspect peu attirant, surtout en ses vieux quartiers ; et le passant qui la traverse a le droit d'en médire. Quiconque l'a pénétrée ne peut se défendre de l'aimer, tant y sont en honneur la probité, l'esprit traditionnel et les plus solides vertus familiales ! De toutes les grandes villes de France, c'est elle qui a le plus vilain climat ; c'est aussi, je crois, celle qui abrite le plus de braves gens.

Entre tous ces braves gens, l'embarras serait grand de choisir. Il est telle rue que je me rappelle bien, où on les rencontrerait à chaque porte. Mais je ne veux ici parler que des morts. Parmi tous ces morts, l'un surtout m'attire parce qu'en lui s'est incarné, non l'éclat des richesses qui demain peut-être ne seront plus que souvenir, non l'abondance ou le luxe qui sembleraient ironie dans la présente détresse, non la magnificence des monuments que les coups de l'ennemi peuvent abattre, mais le seul bien sur qui n'a prise aucune puissance d'ici-bas. Pendant cinquante années, cet homme a personnifié dans Lille la charité, en pratiquant pour lui-même la sainte indigence ; avec des artifices d'humilité inouïs, il s'est appliqué à cacher ses propres bienfaits, comme s'il eût voulu que la renommée de ses œuvres fût reportée tout entière, après Dieu, sur sa ville natale ; et je me persuade que plusieurs, à l'évocation de sa mémoire, retrouveront le souvenir de ce qu'ils ont le plus honoré et le mieux aimé.

II

Cet homme qui aspirait à tenir si peu de place et qui a laissé tant de vide, s'appelait Philibert Vrau. Il y a plus de trente-cinq ans qu'à l'occasion d'une œuvre de bienfaisance je le rencontrai pour la première fois. Je me rappelle très nettement les lieux : une vaste maison rue du Pont-Neuf : dans une cour assez spacieuse, des ouvriers très actifs, très silencieux aussi, qui chargeaient des caisses de marchandises ; au fond l'habitation, puis sur les côtés quelques bureaux d'une propreté raffinée, mais meublés avec la plus insignifiante banalité. Le maître de la maison ne me fit point attendre. Je le revois encore : une taille moyenne, une barbe et des cheveux déjà grisonnants, bien qu'il eût à peine cinquante ans ; les épaules légèrement courbées ; des yeux très doux, un peu tristes, d'une bienveillance enlaçante, et en même temps très scrutateurs ; sur les lèvres un sourire, mais ce sourire contenu qui marque la bonté charitable plus que l'expansion ; des vêtements d'un noir uni, et je ne lui en

ai jamais vu d'autres ; une tenue qui révélait
un double souci, celui de bannir toute recherche
et aussi d'éviter toute négligence qui eût
semblé singularité. Tel m'apparut M. Vrau
dans notre première rencontre, tel je le
retrouve aujourd'hui dans les portraits qu'on
a distribués de lui, et qui seraient parfaite-
ment fidèles, si on ne lui avait fixé à la bou-
tonnière une manière de rosette qu'il se gardait
bien de porter.

J'exposai l'objet de ma visite. Il m'écouta
avec une bonne grâce attentive et silencieuse.
Tout en parlant, j'observai son regard où je
retrouvai quelque chose de la profondeur
pénétrante que l'étude des âmes communique
à certains prêtres. Sa réponse fut brève,
précise, avec une approbation très nette,
mais sans aucune menue monnaie de paroles.
Quand nous nous fûmes mis d'accord, je
crus que la courtoisie m'obligeait à prolonger
un peu l'entretien sans le rompre brusquement. Il me laissa dire, mais cette fois sans
aucun encouragement, en homme qui attend
la fin ; je compris et je me levai. Il me recon-
duisit avec des marques réitérées de remerciements ; et c'est de quoi je ne fus pas
médiocrement étonné ; car dans l'occurrence
je venais plutôt demander une aide ; et,
somme toute, j'étais l'obligé. Mais j'appris
plus tard qu'une des formes de sa modestie

était de paraître recevoir un service quand il en rendait un.

Cette maison de la rue du Pont-Neuf où je venais de pénétrer pour la première fois était celle où M. Vrau était né. Il avait fait ses études au collège royal de Lille et avait attiré l'attention de ses maîtres par une rare aptitude pour les sciences philosophiques. Mais ce n'était point aux spéculations intellectuelles que sa destinée paraissait l'appeler. *Maison Philibert Vrau, fondée en 1816 pour la fabrique et le commerce du fil de lin à coudre,* telle était l'industrie créée par son père, qui s'appelait Philibert comme lui ; et il semblait que le jeune homme n'eût qu'à s'engager dans le sillon tout tracé. Docilement il devint *apprenti filtier,* apprenti modèle, obéissant, plein de vues et d'intelligence, mais avec des échappées singulières qui parfois l'emportaient bien loin des ateliers. Avec trois ou quatre de ses anciens condisciples, il avait fondé une petite *Société d'études philosophiques,* et quand sa journée était achevée, il se plaisait à lire, à méditer les maîtres de la pensée humaine, Descartes, Pascal, Malebranche : « Que ne puis-je, disait-il, aller à la bibliothèque ? C'est ma récréation des grands jours. » En une de ses lettres, il trace ces lignes : « Lundi, c'est la fête des filtiers ; j'en profiterai. Une journée libre pour moi fait époque, c'est une fortune. » Le voici qui voyage pour les affaires de sa maison, en Alsace, en Suisse ; chemin faisant, il jette en pâture à son esprit des notions de mécanique, de géologie. Avec une présomption toute juvénile, il écrit : « J'aspire au moment où je pourrai faire la philosophie dés mathématiques. » Ainsi s'élève-t-il vers les sommets du monde intellectuel comme plus tard il gravira les sommets de la vie chrétienne. Sur le christianisme lui-même, il semble qu'il ne perçoive à cette heure que des lumières obscures. Il doute, et au point d'abandonner toute pratique religieuse. Cependant de la doctrine évangélique, il retient le fruit le plus précieux : la charité. Dès cette époque, il fait partie d'une association pour l'assistance aux vieillards et en est même le secrétaire. Le souci des misères à secourir l'occupe jusqu'à l'obséder. Un jour, il lui arrive de renoncer à un séjour à Paris dont il se faisait grande fête et pour lequel il avait accumulé ses modestes économies. Pourquoi ? C'est qu'il a supputé les besoins des pauvres qui peut-être, à cette heure, manquent de pain.

La vie de M. Vrau a été écrite, et écrite avec la plus pieuse sollicitude pour sa mémoire (1).

---

(1) *Philibert Vrau et les Œuvres de Lille*, par Mgr Baunard. 1 vol. in-8°. Paris, librairie Poussielgue. — Beaucoup des détails qui vont suivre sont empruntés à cette consciencieuse et très remarquable biographie.

On y pourrait suivre les combats qui se livrent en son âme avide de vérité. Avec une sincérité ardente et souvent douloureuse, il cherche sa voie : « Je lis, dit-il, tout ce qui me tombe dans les mains » ; et en cette parole se marque l'anxiété de son intelligence, qui se porte de tous côtés dans l'espoir de découvrir le secret qui la consume. Du christianisme, il parle rarement, mais toujours avec un respect attristé, avec une sympathie mêlée de doute et de regret. En l'un des passages de sa correspondance, il fait allusion à la « douce main » de l'Eglise qui « guide maternellement les hommes en leur offrant des vérités intégrales et toutes trouvées ». Mais, ajoute-t-il en se redressant avec une tentation de révolte, est-ce bien là la vérité ? — Par intervalles, il murmure contre le travail tout matériel auquel sa profession l'a rivé : « C'est, dit-il avec un peu de dépit, le meurtrier de l'intelligence. » D'autres fois, il se rattache à son industrie, et jusqu'à la passion. A son plus cher ami, M. Camille Féron, il écrit : « J'ai hâte d'arriver à faire une bonne maison, autrement dit à gagner de l'argent. L'argent, c'est tout... Mais, tu le sais bien, poursuit-il, — et en ces lignes se découvre le futur apôtre, — ce n'est pas à moi que je pense, c'est à l'humanité ! »

Cette humanité, comment la servir ? Un jour, il va trouver Proudhon. De sa bouche il recueille de violentes invectives contre l'organisation économique du monde. « Le remède ? demanda Philibert Vrau avec son anxieuse bonne foi. — Ah ! répond le philosophe, cela ne me regarde point. » Déçu du côté des prétendus réformateurs sociaux, le jeune homme voudrait placer son espoir dans les hommes politiques qui gouvernent : là non plus, nulle harmonie qui le satisfasse, mais des courants contraires qui violemment se heurtent : en 1848, la liberté a dégénéré en dangereuse licence ; voici maintenant le régime de l'autorité à outrance, et jusqu'à la compression. Comme il exprime à l'un de ses compagnons de jeunesse ses recherches, ses angoisses : « Il y aurait bien comme guide l'Evangile ou même le catéchisme, « hasarde timidement son ami. Nous ignorons la réponse. Cependant Philibert Vrau continue à remplir avec une exactitude exemplaire ses devoirs professionnels ; et, dans les intervalles de ses voyages, chaque soir le ramène auprès de sa mère, qui sait tout ce que vaut le fils sorti de ses entrailles, et qui, silencieusement, prie pour lui.

La prière était près d'être exaucée. Comment Dieu communiqua-t-il son entière lumière à celui qui était si digne de le servir et de l'aimer sans partage ? Sur ce point, je n'ai lu et ouï dire que des choses obscures. On a prétendu et écrit que des expériences magnétiques, très en faveur en ce temps-là, exercèrent sur l'intelligence du jeune homme une influence décisive : j'avoue que ce que j'ai compris de cette explication me paraîtrait révéler soit une science un peu courte, soit un mysticisme un peu puéril. Nous apprenons par la correspondance de M. Vrau que, vers ce temps, il lisait attentivement la Bible, Bossuet et aussi, dit-il, un peu sainte Thérèse. J'aime mieux croire que c'est à ces fortes et saines lectures, unies aux invocations maternelles, qu'il dut la pleine vision de la vérité.

III

Ce fut le 27 mai 1854, jour de la Pentecôte, que Philibert Vrau promit d'être désormais tout à Dieu. Il était de ceux qui ne connaissent ni le minimum dans le dévouement, ni la recherche de soi-même dans le sacrifice, ni les calculs dans l'obéissance. Serait-il prêtre ? religieux ? moine ? Certainement, il pesa dans son esprit toutes ces vocations. Cependant l'industrie familiale traversait alors une période pénible, et son départ eût peut-être transformé en crise ce qui n'était qu'embarras momentané. « Je suis prêt, écrivait-il à M. Camille Féron, cet ami digne de lui qui devait bientôt devenir son beau-frère ou plutôt un frère très aimé, je suis prêt à embrasser tout ce que la sainte volonté du ciel me désignera, fût-ce le commerce. » Il réfléchit avec une calme fermeté, il pria avec un souverain abandon à Dieu ; et décidément le commerce l'emporta. Il serait fabricant de fil à coudre, mais un fabricant de fil à coudre comme on n'en avait jamais vu.

Autant ses pensées s'étaient dispersées jusque-là, autant elles se concentreraient désormais vers un but unique : il serait, s'il se pouvait, le meilleur des manufacturiers afin d'être avec efficacité le plus utile des chrétiens.

Ce fut sous la direction de son père que M. Philibert Vrau se consacra aux affaires de la fabrique. Son père excepté, il manifesta tout de suite la volonté d'être le premier. Un jour il écrit, avec un léger accent de boutade, le seul peut-être qu'on rencontre en toute sa correspondance : « Si je ne domine pas tout notre monde à la maison, je n'ai plus qu'à prendre mon chapeau et à céder la place. » Le premier, il veut l'être, non par le privilège, non surtout par le droit au repos, mais par le labeur, l'activité, le savoir, l'esprit d'organisation. Avant tous, il est levé. Aux autres, il demande beaucoup de travail, mais travaille davantage encore. Il entraîne si bien par son exemple que le plus souvent il n'a pas besoin de formuler ses ordres. L'un de ses principaux soucis est d'attacher à son industrie un certain nombre d'employés jeunes, intelligents, laborieux, sur qui, tout naturellement et sans efforts, le reste se modèlera.

En ses voyages, il apprend à connaître la clientèle, en étudie les goûts, les préférences. Il sait que, pour quiconque veut fonder et maintenir, la probité est le premier élément de réussite ; et avec une noble jalousie de perfection, il s'applique à ce que tous les produits marqués de son nom soient irréprochables. L'industrie est tributaire de la science, et il ne l'ignore pas. Le voici qui prend des leçons de mécanique, qui s'initie à l'électricité. Sa pensée dominante est de simplifier, de supprimer, au risque de froissements passagers, les rouages inutiles. Parfois il rencontre une certaine résistance chez son père que tant d'activité surprend, que tant d'innovations déconcertent. Mais sa manière d'avoir raison est à la fois si tenace et si douce que le plus souvent il triomphe des objections. Les employés, les voyageurs, les ouvriers de la maison observent avec surprise ce chef exigeant, mais profondément équitable ; peu loquace, mais bienveillant ; réservé, mais généreux, et avec une discrétion qui cache le bienfait, loin de le publier. Est-il populaire ? Le mot conviendrait peu. Mais une estime profonde entoure déjà sa jeunesse, de même que son âge mûr sera entouré de respect, et sa vieillesse couronnée de vénération. Lui, cependant, est déjà obsédé de cette unique pensée : ne gagner que pour donner. Dès le 27 novembre 1854, il écrit à son père : « Cher papa, j'ai une grâce à demander. Si Dieu bénit nos affaires, comme il paraît le faire, je voudrais que nous fissions aux pauvres la part d'un cinquième dans nos bénéfices. Je crois que cela nous porterait bonheur. » Et il ajoute avec une insistance caressante : « Ce serait me faire un des plus grands plaisirs que je puisse souhaiter et nous donner encore plus de courage. » Que répondit le père ? Je l'ignore. Mais quinze ans plus tard, en son testament, il exprima le vœu que le tiers des gains industriels de sa maison fût la part de l'Eglise et des indigents.

<h2 style="text-align:center">IV</h2>

Ce noble désir paternel, Philibert Vrau l'avait devancé. L'industrie, avec ses bénéfices, était à ses yeux le levier qui soulèverait de terre les œuvres créées pour Dieu ; et pour ces œuvres de Dieu, il donnerait, non pas le tiers, mais tout.

On était alors en 1860. Lille, tout étouffée dans ses murailles, venait d'agrandir son enceinte. Les Moulins, Wazemmes, Esquermes, ces communes suburbaines, allaient être englobées dans les nouveaux remparts. De tous côtés, on traçait la direction des rues ; on marquait par des jalons les lignes des boulevards. Des maisons surgissaient, un peu plus éclairées, un peu plus spacieuses que celles d'autrefois. Puis, autour de la citadelle, on commençait à dessiner de vastes jardins publics, qui pareraient de grâce et d'élégance la plaine féconde, mais humide et triste, où la vieille ville avait été fondée.

Pendant que ce travail s'accomplissait pour l'embellissement, la salubrité ou le confort, Philibert Vrau, alors en pleine maturité de force et d'énergie, suivait, lui aussi, en chacune de ses transformations, sa cité natale. Mais il l'observait avec une ambition qui montait plus haut que celle de ses concitoyens. De Lille il ne voulait pas seulement faire une belle cité, il en voulait surtout faire une *cité sainte*.

Dans ses papiers, on a trouvé tout un plan à grande échelle de la ville de Lille. Sur ce plan, et à l'aide de crayons de diverses couleurs, il avait fixé l'emplacement de toutes les fondations que, sous le vocable catholique, il rêvait de créer ou de suggérer : églises, écoles, asiles, établissements scientifiques ou de bienfaisance. Et cette carte demeure le témoignage des aspirations de cet homme, humble pour lui-même jusqu'à l'anéantissement, mais conquérant, — et jusqu'à tout envahir, — pour le service des âmes.

Dans la cité sainte, sorte de Salente chrétienne, il veut d'abord des églises. Pour tout le vieux Lille il n'y en a que six ; pour toute la ville agrandie, il en voudrait vingt ; « car, dit-il, il convient, pour le service du culte, qu'une paroisse n'ait pas plus de dix mille âmes. » Et sous son influence se créera quelques années plus tard, en 1871, une société dite « Société civile des nouvelles églises de Lille ».

Après les églises, les écoles chrétiennes. L'urgence devint extrême quand éclata, vers 1880, la crise religieuse dont la France a tant souffert. « J'ai rassemblé sur ce sujet quelques notes », écrivait modestement M. Vrau. Il se trouva que ces simples notes constituaient tout un plan d'organisation. Les chiffres valent ici mieux que tous les développements. Qu'il suffise de dire qu'en 1888 les écoles ou asiles ouverts à Lille par les catholiques abritaient plus de la moitié de la population scolaire.

Les patronages étaient la continuation de l'école. Ce fut sous l'influence de M. Vrau que s'établirent les deux plus considérables d'entre eux, l'un au quartier de Wazemmes, l'autre au quartier Saint-Sauveur. Comme pour les écoles, son plus constant désir fut qu'on ignorât son action et surtout ses bienfaits. Il se gardait de prodiguer ses avis ; quand, d'aventure, il les formulait, c'était toujours avec le double souci de la précision et de la charité. Puis, à la fin des séances où se débattaient les intérêts de l'œuvre, on le voyait quelquefois attendre ses collaborateurs. Timidement, il abordait l'un d'eux. C'était le plus souvent dans l'obscurité, au bas de l'escalier, et comme en cachette : « Vous savez ? lui glissait-il à voix basse, si vous êtes dans la gêne, venez me voir ; n'hésitez point, je vous en prie ; seulement n'en parlez pas. » Et ayant dit ces mots, il disparaissait.

Il convenait de travailler pour les lettrés aussi bien que pour les humbles. Vers 1879, dans les terrains vagues qui s'étendaient entre le vieux Lille et les communes annexées, on vit tout un ensemble de bâtisses monumentales s'élever. Les passants qui contemplaient cette masse imposante de pierres ne doutèrent point d'abord que le constructeur ne fût l'Etat, seul assez puissant pour un tel dessein. Ils se trompaient. L'initiative privée avait, sans aucune subvention, conçu le grand projet et, avec une calme hardiesse, s'ingéniait à le réaliser. Cet édifice était celui des *Facultés libres* ou, comme on disait à Lille, de l'*Université catholique* qui avait déjà ouvert ses cours dans l'ancien hôtel de la préfecture. Pour l'entreprise, plus de 6 millions furent souscrits, répartis entre 8.000 donateurs. Quelle fut la part contributive de M. Vrau ? On la devine plutôt qu'on ne peut la préciser ; car il a lui-même, par un acte de volonté expresse, astreint au secret ceux qui auraient pu divulguer ses générosités. Un jour, comme le recteur des Facultés, Mgr Baunard, lui avait, en une lettre chaleureuse, exprimé sa gratitude, il répondit par ces simples mots, brefs jusqu'à la sécheresse : « Veuillez vous dispenser, Monseigneur, de nous écrire des lettres de remerciements. Ce n'est nullement convenable entre chrétiens qui travaillent au service de la même cause. »

En une région industrielle comme celle du Nord, il était sage qu'à côté des Facultés libres fussent organisées des écoles professionnelles pour les négociants, les commis, les chefs d'atelier, les mécaniciens. Une école de commerce fut projetée, puis une école des arts et métiers. La première fut établie sans trop de peine. La seconde, au contraire, rencontra toutes sortes d'obstacles. On acheta le terrain, on posa la première pierre, puis on dut s'arrêter. M. Vrau était tenace jusqu'à l'extrême obstination. Là où tout autre se fût découragé, il tint bon. Pendant de longues années, il fut le conseiller, le guide, le démarcheur, le bailleur de fonds. Enfin l'œuvre réussit ; dès lors on ne le revit plus.

Sa grande ambition, c'était que Lille, devenue cité sainte, rayonnât sur toute la région. De là le dessein de Congrès périodiques où les catholiques formuleraient leurs doléances et fixeraient pour l'avenir leurs résolutions. Ces assemblées se tinrent presque chaque année ; et quelques-unes d'entre elles, où l'on vit figurer les plus illustres des contemporains, depuis le comte de Mun jusqu'à Brunetière, sont demeurées à juste titre mémorables. Œuvres de piété, œuvres sociales, œuvres d'enseignement ou de défense religieuse, le programme embrassait tout. On eût pu même regretter qu'il fût trop étendu. Les bonnes résolutions se nuisaient par leur nombre même. Peut-être eût-il mieux valu limiter l'ordre du jour à deux ou trois questions sérieusement approfondies que d'affaiblir l'attention à force de la disperser. Dans le travail commun, M. Vrau avait assumé, suivant sa coutume, la tâche la plus lourde, la plus obscure aussi. Un labeur incessant, une correspondance de chaque jour lui avaient permis de savoir combien, en chaque ville, on comptait d'hommes de foi, d'intelligence et de dévouement. Il avait ses listes, ses fiches, en vrai policier. Pendant plusieurs mois, il s'ingéniait à s'assurer les concours, à mettre en lumière les spécialités, à ménager les froissements. Puis, à l'heure des séances publiques, on le cherchait en vain. C'est qu'il aimait les choses grandes, mais à la condition que lui-même il demeurât petit.

V

Toutes les fondations charitables, toutes les entreprises généreuses qu'on vient de mentionner ne furent pas uniquement l'œuvre de M. Vrau. A côté de son nom, il serait aisé de citer beaucoup de noms qui sont demeurés honorés et bénis : tels M. Henri Bernard, le Comte de Caulaincourt, bien d'autres encore. Mais un jour vint où, quelque effort qu'il fît pour se cacher, il se trouva visiblement le premier. Son autorité s'accrut encore par tout ce que la religion courait de périls. Il y eut à Lille des comités, des bureaux d'œuvres, des organisations ecclésiastiques ou laïques : tout cela s'appela Philibert Vrau.

Je voudrais ressaisir, regraver en ses traits principaux la physionomie de cet homme, à la fois modeste et extraordinaire, d'autant plus puissant qu'il recherchait davantage l'oubli.

Son arme principale était la prière. L'une des œuvres qu'il affectionnait était celle de *l'adoration nocturne*. Ceux qui l'ont le mieux connu rapportent qu'il passait parfois de longues heures à genoux, en un silence recueilli et comme anéanti. Dans l'ancien Lille, un quartier avait ses préférences, celui de la rue Marais, de la rue Négrier. Pourquoi ? C'est que ce quartier était celui qui renfermait le plus de chapelles où brûlait la lampe du Saint Sacrement. Attaché aux soins du monde comme la Marthe de l'Evangile, il enviait le rôle de Marie qui avait choisi la meilleure part.

Cette piété dominait toute sa vie. Quand une œuvre avait réussi, on l'entendait dire avec humilité : « C'est sans doute celle pour laquelle on a le plus prié. » Dans sa dévotion nulle exaltation, nulle singularité ; mais un langage très simple, très doux, avec des docilités d'enfant, mais d'enfant à qui l'intensité de sa foi rend Dieu visible et comme présent. Je me figure que le libre-penseur le plus résolu ne l'eût entendu qu'avec sympathie et respect.

Nul, comme ce mystique, n'avait le sens précis des réalités. S'étant relevé de l'autel, il se ressaisissait aussitôt pour l'action. Il se retrouvait homme d'affaires à l'heure voulue, homme d'œuvres à l'heure voulue aussi, et une merveilleuse faculté de dédoublement, une étonnante maîtrise de lui-même lui permettait d'abonder aux deux tâches sans les mêler jamais. Dans la dernière partie de sa vie, il abandonna à ses collaborateurs les détails de son industrie ; mais il ne manqua jamais d'en surveiller les grandes lignes, tant il gardait le souci de son double devoir, devoir professionnel et devoir chrétien ! Son intelligence était saine autant que son âme était droite et que son cœur brûlait pour l'amour de Dieu.

Ce Dieu auquel il s'était donné sans partage, il le voulait régnant, sans partage aussi. Cet humble était ambitieux. Si on lui eût demandé quelle part du monde il aspirait à conquérir, il eût, de sa voix unie et calme, répondu : « Tout ».

Pour établir le règne de Dieu, il ne comptait, après la prière, que sur le travail, l'indomptable persévérance de l'effort, la contagion du bon exemple et de la foi. Chez lui, nul éclectisme et, bien qu'il fût d'une habileté consommée, peu de combinaisons, mais des doctrines simplistes et une conduite simpliste aussi. Nulle dispersion de l'esprit ou des pensées. Dans sa jeunesse il avait beaucoup lu, beaucoup cherché. Maintenant il ne cherche plus, et il semble qu'il ne lise plus guère. A quoi bon ? Il possède la seule science qui tient lieu de tout le reste. En tous ses actes une douce intransigeance. Je me souviens qu'un jour je me permis de lui vanter les avantages de quelques concessions qui permettraient de gagner, sur les lisières, d'assez nombreuses recrues. Il m'écouta avec une grande attention apparente et beaucoup d'aménité ; mais il se tut et je compris que j'avais parlé en vain, car le silence, un silence très clair, était la forme habituelle de sa contradiction. En cette disposition, il lui plaisait de ne soutenir que les œuvres nettement confessionnelles. Aux autres il ne se mêlait point, bien qu'il se gardât de les critiquer et surtout de les combattre. A chacune de ses fondations il imprimait, sans ostentation provocante, sans équivoque non plus, l'estampille qui la créait vassale de l'Eglise catholique. On ne peut douter que cette rigidité n'ait effarouché beaucoup de bonnes volontés utiles et n'ait écarté des concours très efficaces. Mais ses cadres gagnèrent en solidité ce qu'ils perdirent en souplesse ; et, de fait, presque toutes ses œuvres ont survécu, tandis que beaucoup d'autres, au programme plus attirant, ont depuis longtemps péri.

L'une des originalités de ce grand homme de bien, c'était qu'en devenant apôtre il avait porté dans son apostolat ses habitudes de commerçant. Il étudiait les entreprises charitables comme on étudie une entreprise industrielle, avec le lucide et calme souci des profits et des charges. Nulle enlevée, au moins apparente, mais au contraire une régularité sévère, comme il convient à un riche qui n'est que l'économe de Dieu. Ainsi était-il rangé pour être, à l'heure opportune, prodigue ; avare pour se montrer, à l'occasion, magnifique. Avec une perpétuelle surveillance, même de ses mouvements les meilleurs, il alignait ses inspirations. Il se fût reproché comme un écart, presque comme un larcin, toute générosité où il se fût abandonné à l'inclination de son cœur, sans regarder d'abord vers Dieu. Cette austérité ne laisse pas que d'être embarrassante pour un biographe. A travers l'atmosphère un peu sombre de ce cabinet de la rue du Pont-Neuf où ont mûri tant de nobles desseins, on voudrait voir filtrer un peu de cette lumière qui éclairait, sous les douces transparences de l'Ombrie, les gestes sublimes de saint François d'Assise. Cette immense charité a besoin d'être pénétrée dans ses repliements intimes. Pour qui n'observe que la surface, elle apparaît trop réglée peut-être, trop calculée, privée à l'excès d'épanouissement extérieur, en un mot avec un aspect un peu gris, à l'image du ciel morne où elle s'est développée. Du relief humain des choses, jamais M. Vrau ne s'est soucié, soit qu'il craignît d'amoindrir le mérite de ses œuvres en les revêtant d'une parure périssable, soit qu'il jugeât que c'est altérer la suprême beauté de Dieu que d'y ajouter une autre beauté.

En écrivant ces lignes, j'éprouve par intervalles la tentation de poser la plume, tant je redoute de tracer un portrait peu fidèle ! Cet homme ne forma qu'un vœu, celui d'ensevelir son nom. Pour suivre ses traces, il faut recueillir çà et là les vestiges qu'il n'eut pas le temps de détruire et interroger les rares témoins auxquels il n'a pas recommandé le silence. De sa jeunesse on possède une assez volumineuse correspondance ; plus tard il n'écrivit plus que de rares billets, comme si l'une de ses plus grandes craintes eût été de paraître se raconter. Si de son cœur jaillissait la flamme, il s'appliquait à l'étouffer de peur qu'elle ne projetât quelques lueurs sur lui-même. De ses initiatives il ne souffrait jamais qu'on parlât et, semeur infatigable, feignait de croire aux générations spontanées. — Si l'on en juge par quelques-uns de ses épanchements juvéniles, son âme eût été sensible à l'amitié ; mais il semble qu'il crut plus parfait de se retrancher cette jouissance même. Si je suis bien informé, le seul confident de toutes ses pensées fut son beau-frère, M. Camille Féron, admirable chrétien, modeste comme lui et qui se serait bien gardé de rien trahir ou de rien publier. Il savait immoler son cœur et, quoique très tenace, sa volonté aussi, quand un intérêt supérieur de discipline commandait la soumission ; j'ai ouï dire que pour l'organisation des patronages, il se trouva en désaccord avec le clergé de Lille ; quoique douloureusement atteint, il n'insista pas, jugeant qu'en l'occurrence l'avantage de ne rien briser valait mieux que l'avantage d'avoir raison. Une remarquable intelligence des affaires, une rare sagesse de conduite, des circonstances heureuses avaient assuré à son industrie des bénéfices inespérés et tout à fait extraordinaires. Alors, en homme qui ne se réserve rien, il prodigua des dons presque royaux ; mais, — et c'est là un des traits dominants de son humilité, — en donnant comme un roi, il s'appliqua à se dissimuler comme un pauvre.

Jamais malfaiteur ne déploya plus de calculs pour cacher ses larcins qu'il n'imagina de ruses pour démarquer sa charité. D'abord il donna sous une forme anonyme et, à son grand déplaisir, fut reconnu. Rebuté de ce côté, il s'avisa d'un autre artifice. Quand on lui présentait une liste de souscription, il s'inscrivait pour une somme décente, mais ordinaire ; puis, beaucoup plus bas, il glissait, sous une forme anonyme, une magnifique offrande. Ainsi lisait-on sur une page : « Philibert Vrau, 500 fr. » et à la page suivante : « Un anonyme, 100.000 francs. » Qui eût cru que de la même bourse fussent sortis les deux dons ? Une fois ou deux, la pieuse manœuvre réussit, puis elle fut éventée. Alors commença pour M. Vrau le supplice d'être deviné. Un jour, un rapporteur, en notant ces libéralités mystérieuses, se mit à sourire ; l'auditoire l'imita, et plusieurs se retournèrent vers le présumé coupable qui, pris en flagrant délit, se fâcha presque, lui qui ne se fâchait jamais. Toute divulgation de sa charité lui paraissait abus de confiance, presque trahison. « Il m'est extrêmement pénible, écrivait-il, de voir révéler des choses qui doivent rester entièrement secrètes. » Une ressource lui restait, celle de profiter des ténèbres pour glisser ses offrandes, comme d'autres en profitent pour voler. L'un des curés de Lille a raconté qu'un jour il avait exposé à M. Vrau les besoins de ses œuvres paroissiales. Celui-ci l'écouta en un silence assez froid. A quelque temps de là, comme le prêtre rentrait chez lui à une heure avancée de la soirée, il aperçut un homme qui, après avoir déposé un paquet dans sa boîte à lettres, s'enfuyait à pas rapides comme on fait après un mauvais coup. A la lueur d'un réverbère, il reconnut, crut reconnaître M. Vrau tout abrité sous son parapluie. Le curé ouvrit la boîte. Il y trouva une enveloppe sans nom, sans adresse, qui renfermait 12.000 francs.

Dans ce détachement tout surnaturel, dans cette crainte presque farouche de toute récompense terrestre, n'y avait-il pas quelque chose de déconcertant pour le commun des hommes ? Ceux qui recevaient le bienfait éprouvaient une tristesse, celle de ne pouvoir remercier à leur gré. Parfois on eût souhaité une sainteté plus accessible, plus apparemment vibrante, un rayonnement plus extérieur et qui eût ajouté aux autres charités la charité toute humaine de l'attendrissement et des larmes. Heureusement cette manière, un peu rigide à l'habitude, se tempérait par intervalles, de la plus charmante, de la plus communicative bonté. C'est ce que peuvent attester tous ceux qui ont suivi M. Vrau dans l'œuvre des *Sociétés de Saint-Vincent de Paul.*

VI

C'est là qu'il me fut donné de le voir assez souvent. Comme président du conseil central, il reliait à lui toutes les conférences des départements du Nord et du Pas-de-Calais. Il avait établi des assemblées régionales qui se tenaient, si mes souvenirs sont bien exacts, deux ou trois fois par an. Le programme comportait un exercice religieux, un repas en commun, une séance de rapports et de discussion. Les intervalles étaient consacrés à des échanges de vues ou à des entretiens plus familiers. C'est dans ses séances, c'est surtout dans ces entretiens que se révélait cet homme admirable. Avec une bonne grâce empressée, il remerciait ceux de ses confrères qui étaient venus de loin, malgré les obstacles, l'âge, les intempéries. Sa mémoire prodigieusement fidèle n'omettait aucun détail des réunions précédentes, en sorte qu'à plusieurs mois d'intervalle, il reprenait avec aisance l'ordre du jour, comme on eût fait d'une conversation interrompue. Il avait étudié le règlement de l'association, comme un jurisconsulte étudie le code, et l'appliquait ou l'interprétait sans étroitesse, bien que toujours avec fidélité. Il n'imposait jamais ses conseils, mais doucement les insinuait. Quand il voulait qu'une idée prévalût, il se gardait de la développer en termes absolus, mais il procédait sous forme interrogative : « Ne pensez-vous pas qu'on pourrait faire ceci, qu'il y aurait opportunité à tenter cela ? » Et sa sagesse persuasive emportait l'unanime adhésion. Chez lui nulle banale profusion de paroles, mais presque toujours le mot juste et précis, quoique trouvé parfois avec quelque hésitation. Il parlait de ses confrères avec la plus charitable affection, de l'Eglise avec une soumission toute filiale, des pauvres avec respect. Il se gardait bien d'insister, à la manière des médiocres ou des mécontents, sur ce qu'on aurait dû faire et sur ce qu'on n'avait pas fait ; mais, sans s'attarder à des regrets inutiles, il signalait doucement les abus, s'il y en avait, et marquait les moyens d'y remédier. Avec une connaissance merveilleuse des lieux et dés hommes, il suggérait les démarches à tenter, les obstacles à aplanir pour que l'association s'étendît et se consolidât. Il écoutait tous les avis, notait toutes les suggestions, toutes les critiques aussi. Sa patience était inaltérable ; cependant quand il entendait dire, comme il arrivait quelquefois : il n'y a rien à faire, un geste plus vif, une phrase un peu plus vibrante, un léger mouvement nerveux des mains ou des épaules trahissaient sa révolte contre ces mots déprimants. C'est que, pour cette œuvre de Saint-Vincent de Paul, il était noblement ambitieux ; il eût voulu en chaque bourgade et, s'il se pouvait, en chaque village une confé-rence. Puis il eût souhaité que chaque affilia-tion fût pourvue des œuvres annexes qui en assureraient le complet développement : patro-nage, cercle, vestiaire, secrétariat, biblio-thèque, réunion de la Sainte-Famille, funé-railles chrétiennes des indigents. C'était tou-jours son même rêve, celui de la *cité sainte*, d'autant plus sainte qu'elle serait la cité des pauvres. Pour servir cette cité des pauvres, rien ne lui coûtait ; et souvent il lui arriva de se mettre lui-même en route pour susciter les dévouements, vaincre les timidités, sur-monter les objections, former les cadres, organiser ou inaugurer les nouveaux groupements. On a calculé qu'une année il visita de la sorte 261 communes. L'effort fut béni : en 1886, on comptait, pour le Nord et le Pas-de-Calais, 107 conférences ; dix-sept ans plus tard, on en comptait 268.

En prêchant le zèle, cet admirable chrétien prêchait plus encore l'humilité ; volontiers il disait, en répétant une comparaison qui lui était familière : « Croissez et étendez-vous, mais à la manière du gazon qui, en s'étendant fort loin, reste petit. » Entre toutes ces conférences, filles de sa charité et de sa prière, M. Vrau n'avait-il pas des prédilections ? Parmi les jeunes gens des patronages, des associations s'étaient formées, ligues touchantes de demi-pauvres qui prélevaient sur leur petit salaire de quoi assister et consoler de plus pauvres. De ces conférences, M. Vrau, si attentif d'ordinaire à contenir son cœur, ne parlait qu'avec une émotion attendrie. D'autres conférences aussi lui étaient particulièrement chères : c'étaient celles qui s'étaient formées entre les Belges de langue flamande établis en très grand nombre à Lille et aux environs. Là aussi se rassemblaient des hommes vivant de leur travail journalier et prélevant sou par sou de quoi aider leurs compatriotes plus déshérités. L'une des sollicitudes de M. Vrau fut de favoriser ces œuvres de solidarité chrétienne. Sous son inspiration, des conférences s'établirent à Croix, à Halluin, à Pont-à-Marcq, en toutes ces bourgades populeuses de la banlieue lilloise, dont rien peut-être ne subsistera dans l'avenir, hormis toutefois le souvenir impérissable, gardé par Dieu, de tout le bien qui s'y est jadis accompli.

VII

Vers 1890, l'industrie développée par M. Vrau avait atteint un tel degré de prospérité qu'il pouvait sans imprudence se borner à une direction générale, et laisser le reste aux soins de ses associés. Dès lors, comme il se sentait plus libre, une pensée le saisit qui bientôt le domina, celle de finir sa vie en missionnaire.

Missionnaire, il le serait pour la diffusion des œuvres qui avaient saintement passionné sa vie. Il irait, modestement, obscurément, par toute la France pour y semer les germes que féconderait le souffle de Dieu.

Il calcula que, pour la propagande qu'il méditait, les mois d'hiver étaient plus favo-vorables que la saison d'été toute coupée par les voyages, les saisons d'eaux, les déplacements de la campagne. Donc, après les fêtes de la Toussaint, sans dire adieu à personne, il quittait Lille. Il voyageait la nuit pour gagner du temps, en troisième classe, moitié

par pénitence, moitié pour donner davantage,
et avec une simple valise, à la manière d'un
pèlerin. D'avance, et avec la ponctualité
minutieuse qui était la règle de sa vie, il avait
tracé son itinéraire. Les nombreuses correspondances qu'il avait entretenues, notamment
pour la préparation des Congrès catholiques,
lui avaient fourni, presque pour chaque ville,
des renseignements gardés avec soin et tenus
à jour. A chaque étape, sa première halte
était pour l'église. Puis il voyait, essayait de
voir les plus notables des catholiques et
tentait d'organiser une réunion chez l'un
d'eux. Le but était de ressusciter les œuvres
mortes, de ranimer les œuvres languissantes,
et de créer là où rien n'existait. Souvent la
réponse, toute découragée, se formulait en
ces termes : il n'y a rien à faire. M. Vrau ne se
déconcertait pas d'un refus. Avec une obstination persuasive, il insistait : « Ne pourrait-on
pas commencer, ne fût-ce qu'en petit, ne
fût-ce qu'à deux ou trois ? » Il n'était pas de
ceux qui électrisent, mais de ceux qui échauffent
doucement. Que s'il ne réussissait point, il
rentrait en sa chambre d'auberge et se mettait
en prières ; ou bien encore il s'enquérait d'une
communauté religieuse et en sollicitait les
pieux suffrages. Souvent, avec la grâce d'en
haut, son doux entêtement triomphait. Alors,
tout honteusement et en choisissant le moment

où on ne le voyait pas, il tirait de son portefeuille une magnifique offrande ; puis il remontait en son wagon de troisième et allait un peu plus loin porter l'esprit de Dieu.

Un intérêt puissant s'attacherait à suivre par le menu ces saintes pérégrinations. On ne les connaît qu'imparfaitement et par des confidences posthumes. M. Vrau n'adressait aux siens que de rares billets, et silencieux sur ses bonnes actions. Il donnait des nouvelles de sa santé qui toujours « était bonne » et du temps qui toujours aussi était « relativement beau » (1). Sur le reste, il se taisait. Les lettres qui lui furent écrites des villes où il avait passé auraient pu éclairer sur les détails de son apostolat. Mais, sous l'obsession d'effacer ses propres traces, il a commandé qu'elles fussent détruites, et l'ordre a été exécuté.

Plusieurs fois par an, M. Vrau rentrait à Lille pour des séjours plus ou moins prolongés. Si son âme n'eût été réfractaire à la plus légitime fierté, il eût pu, en parcourant sa ville natale, se rendre témoignage de la féconde utilité de sa vie. Il avait voulu la *cité sainte*. La voici qui par endroits surgissait : ici le chœur de *Notre-Dame de la Treille* ; là *l'église du Sacré-Cœur* avec sa nef achevée et sa tour qui s'édifiait ; plus loin et remplissant tout

____

(1) Mgr Baunard, *Philibert Vrau*, p. 323.

un quartier, l'ensemble des constructions des *Facultés catholiques* ; plus loin encore, l'*hôpital Sainte-Eugénie* pour les malades, et pour les incurables *l'asile des Cinq-Plaies.* Combien l'énumération n'est-elle pas incomplète ! Mais M. Vrau n'était que l'ouvrier anonyme ardent à se cacher. Je me souviens de l'avoir rencontré quelquefois, sortant de chez lui rue du Pont-Neuf et s'engageant dans la rue Négrier. Bien que ses traits un peu tirés marquassent le déclin, sa démarche rapide trahissait une activité tenace qui répugnait au repos. Toujours il était vêtu de noir ; il longeait le trottoir, les yeux baissés, soit qu'il priât mentalement, soit qu'il méditât quelque nouvelle bonne action. Il saluait avec un regard très doux où se révélait la bonté, mais cette bonté réservée qui, par un souci supérieur de perfection, craint de se trop montrer. Souvent il m'est arrivé d'échanger quelques mots avec lui. Toute une législation vexatoire se forgeait alors contre les catholiques, et il parlait des épreuves de l'Eglise avec une immense douleur. Dans sa tristesse, nulle amertume, nulle invective, nulle parole qu'eût désavouée la plus délicate charité : en revanche nul découragement, une prodigieuse fertilité d'expédients pour parer au mal, et une résolution calme, saintement obstinée, qui ne plierait jamais. Il était rare que l'entretien se prolongeât, et il s'éloignait d'un pas hâté, allant à ses œuvres, à ses affaires, ou bien encore à l'un des sanctuaires où il avait coutume de prier. Du reste, rien dans son langage, dans ses manières, dans son attitude qui attirât l'attention. L'une des formes de son humilité était de ressembler à tout le monde et de s'appliquer à ce que personne ne le remarquât jamais.

A chacun de ses retours à Lille, sa sœur, son beau-frère, tous ceux qui l'entouraient observaient en lui un redoublement d'austérité. Sans en parler à personne, il vendit les meubles de sa chambre, en donna le prix aux pauvres et se réduisit à une vraie cellule monacale. Dans son intérieur, il se montrait d'humeur toujours égale, bienveillant, serviable, prêt à tous les dévouements si l'on avait besoin de lui ; mais à l'ordinaire il était silencieux, réservé, retenant tout élan de sensibilité humaine, comme s'il eût craint de dérober quelque chose à Dieu. Ceux qui l'ont le mieux connu racontent qu'il ne se livrait qu'au milieu des enfants. Quand, dans les réunions de famille, il en rencontrait, il allait à eux, organisait leurs jeux, s'y mêlait avec un joyeux entrain ; et c'était merveille de voir ce vieillard tout éclairé de gaieté, tout rajeuni d'affection, tout détendu dans une expansion heureuse. Il fallait cueillir, comme au passage, l'heure brève. Tout à coup il disparaissait, jaloux qu'il était de ressaisir toutes les tendresses de son âme et de les verser, sans en rien perdre, aux pieds de Jésus, son unique maître et son vrai roi.

En l'année 1904, deux épisodes s'intercalèrent pour M. Vrau entre ses voyages de missionnaire, à savoir un procès, puis une grande fête industrielle.

Le procès d'abord. M. Vrau, dans son zèle pieux, ambitionnait que son usine fût, pour ses ouvrières, non seulement une usine chrétienne, mais presque un cénacle. En cet esprit, il avait, dès 1876, introduit dans sa fabrique les sœurs dites *Sœurs de la Providence de Portieux*. Ces religieuses inscrivaient les demandes d'entrée, visitaient les malades, dirigeaient l'école ménagère, complétaient l'instruction des apprenties. Quand survint la loi de 1901 qui frappait les congrégations, M. Vrau se crut à l'abri, jugeant que les services des sœurs étaient uniquement d'ordre privé et intérieur. Comme il se reposait en sa sécurité, une instruction judiciaire fut ouverte contre les congréganistes qui étaient demeurées en communauté en dépit de la loi, et contre lui-même qui leur avait donné asile. Au mois de juillet 1904, il fut cité à comparaître devant le tribunal correctionnel de Lille. Il était alors en voyage. Il ne revint pas, mais se contenta d'envoyer une simple note qui établissait sa bonne foi et répudiait tout esprit de révolte. Le 4 août, il fut condamné par défaut à 500 francs d'amende et à un mois de prison. La sentence ne paraît avoir excité chez lui ni émoi, ni colère. Sa seule affaire, à lui, était la charité. Il se borna à répéter qu'il n'était point un factieux, et il fit opposition au jugement.

Tel fut le procès. Il coïncida avec une fête mémorable. Cinquante années avaient passé depuis que M. Vrau avait été associé à l'industrie paternelle. Des résultats éclatants, presque inouïs, marquaient à quel degré de prospérité il l'avait élevée. Attentif au gain, il l'avait été plus encore à la condition morale de ceux dont il avait la charge ; et il s'était appliqué, par une série d'institutions corporatives, à encourager la bonne conduite, le travail, l'économie. Ses collaborateurs, ses employés, ses ouvriers voulurent que ce cinquantenaire fût célébré avec une solennité digne de celui qu'ils entendaient honorer. M. Vrau résista d'abord ; puis il se rappela que la date de 1854 était celle de son retour à la religion ; et il se dit que cette commémoration aurait pour lui un sens tout intime et, pour ainsi dire, sacré. La fête eut lieu le 14 octobre 1904. La seule décoration de l'usine résidait dans l'arrangement artistique des produits fabriqués ou des instruments de travail ; et cette parure simple autant qu'ingénieuse qui rappelait une longue période d'efforts, une longue série de perfectionnements, saisissait par son caractère symbolique, par sa sévère originalité. Celui vers qui montaient ces hommages voulut que cette journée fût vraiment celle de la fraternité chrétienne. Nul éclat de luxe, mais une réunion tout intime ; une grande action de grâces au ciel qui avait béni le labeur commun ; une joie plus recueillie que bruyante, comme celle du repos bien mérité. A la fin du repas qui avait groupé autour des patrons les ouvriers et les employés, M. Vrau parla. Ce ne furent que quelques mots, un remercîment à ceux qui l'avaient aidé, une exhortation à la pratique des vertus chrétiennes, un salut affectueux, presque un adieu, comme il convient à un vieillard qui sent ses jours comptés. Puis il passa dans les rangs, ayant pour chacun une bonne parole, un remercîment, un souvenir. La fête s'acheva par des gratifications, et ces générosités furent magnifiques ; car cet humble avait des gestes de roi.

Comme l'automne finissait, M. Vrau, en dépit de ses soixante-quatorze ans, voulut reprendre ses courses d'apôtre. Au mois de décembre, il était à Rome ; puis, sans souci de l'hiver, il entreprit de visiter, pour le service

de ses œuvres, les principales villes de Lorraine
et de Champagne. Il ne devait rentrer à Lille
que le 15 avril. La surprise fut grande, — car
nul n'était plus méthodique que lui, — quand
on le vit revenir le 19 mars : « Je suis, dit-il
avec son habituelle douceur, un peu malade. »
Il l'était tellement qu'il ne se releva plus.

Deux mois s'écoulèrent, les derniers de sa
vie, en des souffrances qui achevèrent de
l'épurer. Le P. de Ravignan a dit de la mort :
« C'est une affaire à mener simplement et
résolument comme les autres. » Il semble que
nul mieux que M. Vrau ne pratiqua cette
humble et virile vaillance. Chez lui, nul apprêt
de langage, aucune de ces ultimes paroles
qui solennisent les heures suprêmes et tentent
d'en perpétuer le souvenir. Que d'autres se
préparent pour la renommée et fassent, pour
ainsi dire, la toilette de leur mémoire ; lui,
il n'a d'autre souci que de s'ensevelir tout
entier dans l'oubli des hommes pour mieux
ressusciter dans le Christ. Nulle forfanterie,
nulle crainte non plus, si ce n'est celle du
dernier jugement ; et encore cette crainte
est-elle tempérée par une tendre et toute
filiale confiance en la bonté du Maître divin.
Comme sa sœur, Mme Camille Féron, lui
propose une neuvaine de prières pour sa
guérison, il ajourne d'abord sa réponse ;
puis il refuse doucement : « J'ai bien réfléchi,

dit-il, je ne veux rien demander qui me soit personnel, et j'aime mieux remettre mon sort entre les mains de notre Père qui est dans les cieux. » Chaque jour, à l'aube, un prêtre lui apporte la communion. Puis il passe la journée en un calme résigné, ne remuant les lèvres que pour prier, ne parlant guère que pour remercier et, quelles que soient ses souffrances, ne se plaignant jamais. Une solennité approchait, celle de l'assemblée régionale des sociétés de Saint-Vincent de Paul, qui avait été fixée au 14 mai. La pensée de ses chers pauvres le ranima. Il pria pour eux, pour cette œuvre qu'entre toutes il aimait. Ce fut la dernière manifestation de sa vie. Deux jours plus tard, le 16 mai 1905, à 7 heures 1/2 du soir, il rendit son âme à Dieu.

Dès l'aube du lendemain, dans le quartier de la Madeleine, puis dans toute la ville, le bruit se répandit : « M. Vrau est mort. » Vivant, beaucoup l'avaient ignoré ou ne l'avaient connu qu'à demi, ayant pris au mot son humilité. Soudain, tout le bien jusque-là soigneusement voilé apparut, et une impression populaire très vive jaillit, celle qu'un humble venait de disparaître, que le trépas ferait grand. Autour du lit funèbre, un immense concours attesta les regrets et la vénération publique. Ce grand serviteur de Dieu avait voulu faire de sa ville natale une *cité sainte*.

Et voici que la cité sainte, fille de ses labeurs, de ses sacrifices, de ses prières, venait à son tour recueillir près de sa dépouille les enseignements que dégage la mort des justes.

Durant plus de deux jours ce fut un concours ininterrompu. Cependant tout près de là, au palais de justice, une autre scène se déroulait. On se rappelle que M. Vrau avait fait opposition au jugement qui, le 4 août précédent, l'avait condamné à la prison. Il se trouva que le procès remis de délai en délai, fut fixé pour l'audience du 18 mai. A l'heure accoutumée, les juges montèrent sur le siège. Les inculpés détenus furent alignés sur le banc par les gendarmes et suivant l'usage furent expédiés tout d'abord. Puis on passa aux autres délinquants. L'appel des causes se fit : « Le ministère public contre Philibert Vrau », clama l'huissier-audiencier. A ce nom, la salle toute bourdonnante se fixa dans un impressionnant silence. L'avocat se leva : « Messieurs, dit-il en contenant son émotion, M. Vrau est mort. » Il y eut un nouveau silence, plus impressionnant que le premier. « Rayé du rôle », dit enfin le président. Et le défilé des malfaiteurs continua.

L'autre défilé continuait aussi, celui de la foule auprès des restes de l'homme que déjà l'on proclamait bienheureux. Le soir, quand des mains pieuses eurent fermé le cercueil, les parents, les amis de M. Vrau recherchèrent avec un respect recueilli les témoignages où se révéleraient les dernières volontés du mort. Un petit papier fut découvert, d'une douzaine de lignes et couvert de cette petite écriture fine, très lisible, un peu large qui était celle du défunt. Il portait en tête ce titre : MON TESTAMENT. Il était ainsi conçu :

Je remercie Dieu de m'avoir permis de le connaître et de l'aimer. Je lui rends grâce de tous ses bienfaits. Je meurs dans son amour et j'espère le bénir et le louer éternellement. Je le prie pour tous les hommes qui sont sur la terre et pour tous ceux qui y paraîtront jusqu'à la fin des siècles. Que la sainte Eglise s'étende par tout l'univers. Que le règne du Christ arrive. Amen ! Amen !...

A cette sublime prière du chrétien prêt à prendre congé de la terre, il serait malséant de rien ajouter. On m'assure que les Lillois, dans les angoisses de leur longue réclusion, invoquent souvent M. Vrau comme on ferait d'un saint. Qu'il me suffise de dire que de la vie de ce grand homme de bien ils pourront recueillir un double enseignement : s'ils doivent conserver leurs richesses, ils apprendront de lui l'art de s'en servir ; et s'ils doivent momentanément les perdre, ils apprendront de lui l'art plus précieux de s'en passer.

ALLOCUTION

A L'ASSEMBLÉE ANNUELLE DES

Amis de l'Institut catholique de Paris

le 25 mars 1919

MESSIEURS,

Je me souviens qu'il y a quelques années, comme je dépouillais des correspondances de la Révolution, je tombai sur une lettre d'une femme de haute naissance qui, à la suite d'un long emprisonnement sous la Terreur, avait été élargie après le 9 Thermidor. Ce n'est pas sans un sentiment de profond allègement qu'elle goûte la délivrance et qu'elle se reprend à l'heureuse sécurité de vivre. Cependant, à travers la joie, une ombre épaisse s'interpose : plus de patrimoine ; plus de demeure ; et pour tout abri, un asile précaire chez un ancien serviteur ; puis l'échafaud lui a ravi son père, son frère. Et alors, sur le papier jauni, deux lignes se détachent, vrai cri de détresse de la pauvre femme toute désemparée : « En sortant de prison, dit-elle, je vaquai d'abord à deux soins : le premier fut de me procurer des vêtements de deuil ; le second fut de m'enquérir d'un prêtre qui célébrât la messe des morts. »

Je m'excuse d'évoquer, en commençant, ce souvenir mélancolique. Je n'ignore pas ce que l'heure actuelle comporte de gloire, d'honneur, et, je l'espère, de légitimes avantages. Nous tenons la délivrance et, ce qui est mieux, la victoire. Si des grands intérêts publics, nous descendons à nos intérêts propres, je constate qu'ici même une large place est permise à l'espérance. Votre *Institut* a résisté à la crise qui a ébranlé tant d'autres fondations :. il apparaît, plein de jeunesse, plein de promesses aussi : il a, pour le guider, tout un conseil d'hommes expérimentés, clairvoyants et fidèles. Il a surtout, pour le conduire, un chef d'un dévouement éprouvé, d'une activité inlassable. J'ai nommé Mgr Baudrillart, que je salue avec une joie toute particulière, avec une sympathie toute particulière aussi, et dont nous applaudirons, dans quinze jours, au Palais Mazarin, les prémices académiques. Vous le voyez, les sujets de se congratuler ne manquent pas. — Et pourtant ma pensée retombe tout affaissée et cherchant ceux que nous ne verrons plus. Des vêtements de deuil, des prières, disait, en son double et triste vœu, cette femme de la Révolution que le 9 Thermidor avait rendue à la liberté. Et moi aussi, je songe à toutes ces épouses à la fidélité inviolable, à toutes ces mères à l'inconsolable douleur, qui ont revêtu les robes noires pour ne plus les quitter, qui ont commencé un *De profundis* qui ne finira plus.

***

J'ai eu sous les yeux la liste de vos morts. Ils sont là, par centaines, ayant par leur sang rendu témoignage à la France. Je lis, je relis la longue liste, funèbre et glorieuse. De temps en temps, un nom m'arrête qui réveille mes souvenirs : Celui-ci était le fils d'un de mes anciens condisciples. On me l'a montré autrefois, et je l'ai reconnu à la ressemblance paternelle. Celui-là, je l'ai rencontré dans le monde, tout brillant de jeunesse, et souriant à la vie comme s'il eût eu de longs jours à vivre. Cet autre, je l'ai vu aussi — c'était quelques jours avant la guerre — à l'autel, tout près de sa jeune épouse vêtue de blanc, et radieux comme l'espérance. Cet autre encore, je l'ai bien connu aussi : c'était un laborieux, un lettré. A l'appel suprême, il est parti bien vite, laissant le livre entr'ouvert, la page commencée, comme on part pour une courte absence. Et maintenant, dans le cabinet de travail à jamais désert, la pauvre mère revient, pieusement attentive et saintement inconsolée. Pour la centième fois, elle range les manuscrits comme si le fils bien-aimé devait revenir ; elle se remplit les yeux de son écriture comme si dans cette écriture quelque chose de son âme avait passé. Elle baise le porte-plume qui a servi à tracer les dernières lignes. Elle reprend les livres, les feuillette : ici une accolade au crayon ; là quelques mots soulignés auxquels elle attache un sens mystérieux, pressentiment, prière ou adieu ! Combien n'en ai-je pas vu de ces fragments — proses ou vers — inachevés le plus souvent, parfois même à l'état de simple esquisse ! Que valent ces ébauches, ces *novissima verba?* Je ne sais! On ne demande pas aux reliques d'être parfaites ; on les honore parce qu'elles sont des reliques. Et puis tout ce que ces morts bien-aimés ont écrit avec leur plume s'épure, s'éclaire, se transfigure quand on songe à tout ce qu'ils ont tracé avec leur sang !

*
* *

Il semble que ces lieux où nous sommes rassemblés soient des lieux sacrés. Autour de nous flottent les images des chers morts qui, étudiants de cet Institut, ont jadis fréquenté ces salles, travaillé en cette bibliothèque, parcouru les allées de ces jardins

Et il se trouve que ces jeunes gens valeureux,
martyrs pour la France, ont peut-être, en
leur passage ici, invoqué d'autres martyrs.
Tout près, dans la crypte de l'église, reposent
les ossements des cent quatorze prêtres qui, le
2 septembre 1792, ont été massacrés pour la
foi. Tout se revoit encore : le jardin où ils ont
été traqués, l'église où ils ont été parqués, le
petit couloir où ils ont été sommairement
jugés, l'escalier sur les marches duquel ils
ont été abattus. Et je me représente un poète
de l'avenir — mais il faudrait pour cela
l'âme de Virgile ou la puissance évocatrice
du Dante — figurant dans l'autre vie par une
fiction sublime la rencontre de ces jeunes
hommes et de ces vieillards, les uns et les
autres se redisant leur martyre et demandant
à Dieu, avec la toute-puissance des âmes élues,
que leur sang versé soit pour leur patrie
semence de bénédictions !

Ce n'est pas tout. Voici que, dans le dévi-
dement des souvenirs, m'apparaissent tous
ceux qui, entre ces murailles, ont souffert,
ont expié. D'ici sont partis, le 5 Thermidor,
pour le tribunal révolutionnaire et de là
pour l'échafaud quarante-six accusés : c'é-
taient les victimes de la conspiration dite
Conspiration des Carmes. Ici pareillement,
en 1797, malgré le régime de Fructidor et
ses traîtresses rigueurs, une Carmélite, Mme de

Soyecourt, a osé s'installer et, dans les cellules à peine quittées par les geôliers, reprendre le ministère auguste de la prière incessante et universelle. Puis, au XIXe siècle, cette même maison des Carmes a été maison de travail, centre d'études, noviciat. En l'une des cellules a vécu Lacordaire, tantôt travaillé jusqu'au transport par les inspirations divines de son éloquence, tantôt réduisant par les macérations sa chair prompte à l'orgueil. En ces salles, en cette église ont passé les plus illustres, les meilleurs des catholiques : le P. Gratry, l'écrivain, l'orateur aux saillies inattendues, au verbe original et hardi ; l'abbé Perreyve, l'homme à la mémoire harmonieuse et touchante, un peu mélancolique comme le fut son court destin. Combien d'autres que je suis contraint d'omettre ! Et quand aujourd'hui on arrive sous le portique de l'église, une statue apparaît, celle du grand Ozanam qui semble comme l'introducteur et le protecteur de cette maison où il repose.

*
* *

Oui, il semble que ces lieux où nous sommes soient bien les lieux privilégiés du dévouement et du sacrifice. A qui ne les voit que par l'extérieur, ils paraîtront un peu minables de vétusté, un peu singuliers par leur forme irrégulière ; mais quiconque pénètre au delà des apparences se sentira gagné de respect, tant ces vieux murs sont vénérables par les beaux gestes, humbles et magnifiques, qui, sous leur abri, se sont accomplis !

Ici il est bon d'évoquer la pensée des morts : prêtres martyrs immolés jadis pour l'Eglise, jeunes gens martyrs d'hier pour la patrie. Ecoutons-les. Je me figure que si, dans la sérénité de leurs jours glorieux, ils pouvaient parler encore, leur premier vœu, celui qui dominerait tous les autres, serait pour la paix civile. « Nous avons, diraient-ils, versé notre sang ; que ce sang même porte avec lui une vertu rédemptrice. Avant tout, vous qui habitez encore la patrie de la terre, soyez unis. Si l'union doit coûter quelque chose à vos préférences, à vos inclinations, à vos affections, sachez contenir votre cœur et surmonter même de légitimes répugnances. Montrez-vous généreux, et jusqu'à l'efface- ment. Que les mains qui se sont placées les unes dans les autres à l'heure des suprêmes périls ne se dégagent pas de la fraternelle étreinte. Soyez unis, soyez unis. »

Je crois entendre, résonnant de la sorte, à la fois claire, ferme et douce, imprégnée de toutes les harmonies d'en haut, l'imposante voix des morts. — Et volontiers, tout en m'excusant de la hardiesse, je commenterais ce vœu qui est celui des martyrs. En dépit du succès, le présent demeure précaire, l'avenir incertain. Nous sommes sauvés et, de plus, victorieux. Jamais pourtant chacun de nous n'eut plus besoin de faire provision de sagesse. On a parlé d'union sacrée. Que cette union, loin de se distendre, se resserre. Non seulement les bénéfices de la victoire, mais le salut public, l'unité nationale, nos biens, nos vies même sont à ce prix. Défions-nous de l'esprit de critique qui affaiblit presque toujours et ne sert que rarement. N'insistons pas aigrement sur ce qu'on aurait dû faire et sur ce qu'on n'a pas fait. Ne parlons pas de ce que nous ignorons ; ce qui supprimera beaucoup d'entretiens et agrandira étonnamment le domaine de la sagesse. — Ne soyons donneurs d'avis qu'à bon escient et tenons-nous à l'écart de la foule loquace et stérilement bourdonnante. — Evitons les formules tranchantes : d'abord les plus absolus en paroles sont souvent les plus irrésolus dans les actes ; puis le propre des affaires humaines est de se terminer par des transactions ; la seule chose essentielle est que les transactions soient le plus avantageuses possible, et ne coûtent rien à l'équité ni surtout à l'honneur. — Vis-à-vis de ceux qui gouvernent, consultons moins nos sympathies que l'intérêt public : tout en conservant l'entière liberté de notre juge-

ment, faisons-leur loyalement, généreusement
crédit de notre confiance : montrons-nous,
vis-à-vis d'eux, gens de bonne volonté, de
patriotisme désintéressé, ne demandant rien,
ne nous solidarisant en rien, mais ne compli-
quant rien. Et rappelons-nous que, dans les
passes dangereuses, il ne faut pas troubler
de vains bruits ceux qui sont au gouvernail.

Nous avons comme catholiques, de vieilles
revendications à faire valoir, de vieux griefs
qui se sont accumulés depuis quarante années.
Ne rappelons pas trop — ce qui pourrait
aigrir — les iniquités anciennes ; et évitons,
au moins sur l'heure, d'avoir raison avec trop
de véhémence, de logique et d'éclat. Attri-
buons généreusement à ceux qui furent nos
adversaires, qui peut-être le sont encore,
les sentiments que nous leur souhaitons ;
par là nous les amènerons à pratiquer la
tolérance, ou nous les contraindrons au rôle
odieux de se démasquer. Tâchons d'obtenir
des concessions de fait si nous ne pouvons
obtenir des concessions de droit. Ne disons
jamais : tout ou rien ; c'est, en général,
le moyen de ne rien avoir, à moins qu'on ne
soit très fort ; ce qui n'est point notre cas.
Les gains les plus sûrs se composent de petits
avantages mis au bout à bout, et emmagasinés
sans bruit ; car, à l'ordinaire, le bruit ne fait
pas de bien. Les circonstances présentes

permettent des revendications si évidemment, si naturellement équitables qu'aucun esprit de bonne foi ne saurait les écarter. Fixons-nous, cantonnons - nous dans ces revendications. Elles peuvent tenir en quelques lignes : que ceux qui sont venus combattre pour la patrie en péril ne soient pas, une fois le danger passé, chassés de cette même patrie ; que les temples où, pendant quatre années, la prière pour la France n'a jamais chômé, ne soient point considérés comme lieux dangereux ou insalubres ; que le nom de Dieu qui, pendant toute la guerre, a été associé au nom de patrie pour ajouter aux stimulants d'ici-bas les saintes promesses d'en-haut, que ce nom de Dieu ne soit point considéré comme un nom à proscrire comme suspect ou à écarter par dédaigneuse prétérition. A défaut d'obligation expresse, qu'au moins une sage désuétude enveloppe peu à peu d'oubli la législation que le préjugé, la passion ou de déplorables malentendus ont forgée. Ce langage sera-t-il écouté ? Je le souhaite, je l'espère. Soyons longanimes, modérés, maîtres de nous-mêmes jusqu'au bout ; et si jamais — ce qu'à Dieu ne plaise — s'aiguisait de nouveau le vieil esprit sectaire, du moins qu'aucune malveillance, même la plus prévenue, même la plus haineuse, ne puisse nous accuser d'avoir porté le premier coup.

***

En ces lieux propices à la méditation et où planent tant de morts héroïques, je voudrais marquer encore quelques-uns des objets sur lesquels doit se porter notre vigilance soucieuse. On peut redouter que, dans la refonte de nos institutions civiles, financières, économiques, la grande vaincue ne soit la liberté. Entre les mains de l'Etat, la guerre — et pouvait-il en être autrement ? — a tout concentré. La crise passée, voudra-t-il, pourra-t-il se dessaisir aisément ? Je reçois de temps en temps, comme sans doute plusieurs d'entre vous, des questionnaires de journalistes à peu près ainsi conçus : Comment imaginez-vous les conditions sociales d'après-guerre ? Invariablement je ne réponds pas, n'aimant pas beaucoup à être détourné de mes occupations habituelles et aimant moins encore à être mis sur la sellette. Si je répondais, il me semble que je dirais ceci : La société future m'apparaît assez bien symbolisée, en chaque ville, en chaque bourg, en un grand bureau, beaucoup plus spacieux et sans doute aussi un peu mieux balayé et un peu moins poudreux qu'aujourd'hui, qui est celui du percepteur. Le percepteur prend l'aspect d'un roi de l'époque, comme aujourd'hui les épiciers ou les marchands de charbon. Vers ce bureau du percepteur, incessamment deux grandes files convergent, contenues par les agents. A droite sont les contribuables qui viennent verser à titre d'impôt leur revenu, moins la part que le fisc autorise à ne pas donner. A gauche, la file s'allonge, et si bien qu'on n'en voit plus la fin : veuves et orphelins qui ont droit à des secours ; blessés qui sont titulaires d'une pension ; réfugiés et sinistrés de toute sorte pour qui n'a point encore été liquidé le règlement des indemnités ; réformés, malades, infirmes, inscrits, eux aussi, pour des allocations ; puis, au milieu de cette foule mélancolique et murmurante, d'autres hommes plus replets, plus dispos, tous tenant à la main de petits coupons de diverses couleurs, et figurant l'immense armée des rentiers. Quel Français n'est condamné à passer, en l'une ou l'autre des files, une portion très appréciable de sa vie ! Ainsi gonflé d'attributions et jusqu'à l'hypertrophie, l'Etat, universel receveur et universel payeur, pèse à tel point sur les entreprises privées que celles-ci, même sans contrainte, sans violence, sans confiscation, vont, comme par une pente naturelle, s'absorber dans le souverain dispensateur. Tout suit par empiètements successifs, et si bien ménagés qu'un peu de paresse aidant, on glisse tout doucement dans la servitude,

en jetant tout au plus un regard indifférent
et curieux sur les rivages fuyants de la liberté.
Les choses changeant et les formules aussi,
la propriété n'est plus qu'une délégation,
l'hérédité qu'une tolérance admise jusqu'à
concurrence d'un certain pourcentage, les
conventions privées que des engagements
sujets à rescision suivant un droit démocratique plus absolu qu'aucun droit régalien ne
le fut jamais. Les stigmates de servitude se
gravant, les individus sont mis en régie
comme les biens ; tout est discipliné, nivelé,
l'éducation, l'enseignement, les aptitudes, les
carrières, les influences du foyer, en sorte
que la famille demeure comme centre d'affection, comme agent de procréation, mais dis-
paraît presque comme force sociale et comme
génératrice de traditions. — Quel sera l'aspect
de cette société ainsi transformée ? Je me la
figure très calme quoique très révolutionnée,
très bien réglée à la manière d'une savante
machine actionnée par une foule d'êtres
humains qui répètent tous à la même heure
le même geste convenu, en vertu de cette
extrême division du travail, propice à la
production industrielle, mais aride pour
l'esprit jusqu'à la désolation. Pour tempérer
cette monotonie morne, des plaisirs bruyants,
qu'on voudra très épicés et qu'on épuisera
brutalement jusqu'à satiété ; par intervalles,

des soupirs de poitrine oppressés et une pesanteur d'esclavage, mais avec la consolation de penser que, grands d'hier et riches d'aujourd'hui, tous sont pareillement courbés sous le niveau. Et en effet la servitude est si universelle que bientôt la nouvelle génération n'en souffrira plus, tout de même que des enfants élevés en prison n'ont point conscience des grands espaces où leurs parents ont respiré l'air libre.

Je voudrais me tromper et surtout me convaincre que j'exagère. Le péril fût-il moindre, il apparaît assez visible pour que, dès à présent, on s'applique à remettre à sa vraie place cette grande menacée qu'est la liberté. Sans nier ou méconnaître aucune exigence nécessaire, le principal travail sera de réagir contre toutes nouvelles prescriptions obligatoires qui, en se multipliant, courberaient la société tout entière sous une vraie servitude civile. Dans cet ordre d'idées, il faudra, autant que la condition présente le permet, restreindre les inquisitions financières, les ingérences administratives, les interventions dans la vie privée, en un mot tout cet ensemble de formalités enlaçantes qui, peu à peu, sans violence, à la faveur de lois en apparence inoffensives et presque protectrices, sous couleur d'égalité ou de salut public, enserreraient l'individu jusqu'à le garrotter.

Le XIXe siècle, celui où, nous autres vieillards, nous avons vécu, a proclamé bien haut la liberté, la liberté politique, la liberté civile et, bien qu'il ne l'ait pas toujours comprise, bien qu'il ne l'ait pas toujours pratiquée, je crois qu'il l'a sincèrement voulue et aimée. Ne manquons pas de rappeler, quitte à les épurer et à les remettre au point, ces formules autrefois révérées : liberté d'aller et de venir, liberté de disposer de sa personne et de ses biens, liberté de prier aussi bien que de ne pas prier, liberté d'enseigner, liberté d'écrire, liberté de s'associer, liberté d'accomplir en paix tout ce que l'ordre public et la morale ne proscrivent pas. Entre tous les mots de la langue française, souvenons-nous que le mot de démocratie est l'un des plus décevants ; car il n'est pas d'oppression qui ne se pare de lui. Sachons aussi que l'égalité, même la mieux nivelée, offre un médiocre réconfort, si la seule perspective est d'être asservis, également et tous ensemble. Bien plus, soyons en veine d'audace et, au risque d'être mal compris ou calomniés, ne dissimulons pas que, dans toute société vigoureuse, un certain élément aristocratique est très souhaitable, à la condition que cette aristocratie ne soit jamais caste et qu'incessamment elle se renouvelle par de jeunes afflux, à la manière d'une belle eau courante qui ne stagne jamais.

Surtout défions-nous, comme du plus subtil des dangers contemporains, de la toute-puissance étatiste qui séduit par une sorte d'apparence régulière, rectiligne, satisfaisante à l'œil, et, en répartissant mécaniquement entre les individus le travail, les dispense de la charge de penser. Le mal est grand par la vicieuse distribution de la vie qui déserte les membres pour se concentrer en un cerveau hypertrophié jusqu'à la congestion. Et ce mal même est le prélude d'un mal pire ; car un jour arrive où ce cerveau tout gonflé ne peut plus porter tout ce qu'il accumule. Alors tout cède, à la manière d'un abcès qui crève ; et c'est, après l'extrême concentration, l'extrême anarchie.

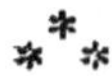

Je regrette bien de ne pas mettre plus d'ordre en des développements que je crois utiles, mais que j'aurais voulu vous présenter sous une forme plus précisée. En dépit de la victoire et de la sécurité extérieure qui en est le fruit, la génération qui grandit aura à traverser des temps sévères ou du moins des temps incertains et difficiles. Il faudra que, de bonne heure, elle s'arme de sagesse et de courage. Ici apparaît le haut rôle de votre *Institut catholique.* Il vous appartient de verser

chaque année dans la société plusieurs centaines de jeunes hommes que vous aurez
préparés silencieusement, modestement, virilement, afin qu'ils soient les meilleurs par les
lumières et par l'austérité des mœurs, par
l'activité laborieuse et par la foi. Là est votre
tâche, et je n'en connais pas de plus belle au
monde. Mais elle est austère autant qu'elle est
attirante. Elle est rude pour ceux qui doivent
être les éducateurs, plus rude encore pour ceux
qui, sortis d'ici, devront porter le poids de la vie.
En notre jeunesse, les meilleurs d'entre nous
se composaient pour l'avenir une existence
grave, mais entrecoupée de délassements,
des journées remplies, mais sans surcharge,
de longs loisirs pour les entretiens ou les
causeries abandonnées. Combien sommes-nous
loin de cette douceur de vivre ! A ceux qui
quittent votre Institut, vous êtes contraints
de tenir, si vous voulez être vrais, un langage
presque dur en sa sévérité. « Partout, devrez-
vous leur dire, vous trouverez les traces de
la gloire, mais aussi celles de la misère ;
beaucoup d'honneur, mais aussi beaucoup de
ruines ; une immense déperdition de ressources
et, par suite, la nécessité d'un travail long et
acharné ; peu ou point de ces loisirs aimables
qui sont, dans les temps paisibles, le charme
de la société policée ; rien ou presque rien
de ce que les anciens appelaient les *humaniores*

litteræ ; beaucoup de pauvreté quoique avec dés signes trompeurs de richesse ; peu de raffinements, les soucis de la vie intense et les mœurs de la démocratie ne lès comportant guère ; une vigilance perpétuelle pour la liberté, la famille, la propriété, la religion ; avec cela une surcharge inouïe d'obligations civiques. » En notre jeunesse, pour le devoir social, l'*honnête homme*, tel qu'on l'entendait au XVIIe siècle et dans les âges suivants, pouvait suffire. Maintenant il faut avant tout — et j'insiste sur ce mot — des *hommes de vertu*.

Hommes de vertu ! Le mot effraie un peu. Mais ce mot, à lui seul, explique la grandeur et l'utilité de votre Institut. Hommes de vertu ! qui pourrait l'être à un plus haut degré et avec une plus entière plénitude que les jeunes gens que vous avez formés ici ? Pour le bon combat, vous les avez revêtus d'une double armature, d'abord celle du patriote et de l'homme d'honneur, puis, par-dessus, celle du chrétien ; et si, par malheur, dans la première s'introduisait quelque fêlure, la seconde subsisterait, de si forte trempe qu'elle couvrirait tous les défauts de l'autre. Que si, malgré tout, à travers les ténèbres incertaines ou douloureuses de l'avenir, ces jeunes hommes se sentaient gagnés par quelque tentation de défaillance, qu'ils regardent vers ceux dont, en commençant,

j'évoquais l'image, qu'ils regardent vers leurs
devanciers, vers leurs camarades, tombés
jadis pour l'intégrité du droit. Alors, par une
communion mystique que nos sens faillibles et
bornés n'expliquent point, mais qui, avec la
grâce de Dieu, s'impose à notre entendement
aussi bien qu'à nos cœurs, ils sentiront comme
la présence réelle des morts bien-aimés. Et
une intercession souveraine réconfortera
leur courage, celle de la France d'en-haut,
protectrice de notre France qui milite ici-bas.
(*Applaudissements prolongés.*)

ALLOCUTION

A LA DISTRIBUTION DES
Prix au Collège de Juilly
le 11 juillet 1919

———

Monsieur le Supérieur,

Mes chers Enfants,

Un enfant me disait un jour : « Ce serait une bien belle chose qu'une distribution des prix si tout le monde avait des prix et surtout s'il n'y avait pas de discours. » Qui ne comprendrait la douce philosophie de cet enfant ? N'a-t-il pas exprimé ce que tous, jadis, nous avons pensé ? Ce mot, dans sa jolie ingénuité, m'a rappelé les distributions de prix d'autrefois. C'était il y a environ soixante ans. Nous aussi, comme vous aujourd'hui, nous étions assis sur des banquettes, à droite et à gauche de l'estrade. On nous avait recommandé la bonne éducation, la bonne tenue. Et en effet, nous étions un peu mieux habillés que de coutume : uniformes brossés, souliers vernis, par surcroît des gants que nous nous appliquions en vain à boutonner, enfin tout l'attirail des grands dimanches. Sur ces entrefaites,

un étranger, généralement vieux — un peu
comme moi aujourd'hui — apparaissait sur
l'estrade, en cravate blanche, habit noir —
car en ce temps-là on ne se permettait point
la jaquette — et tenant à la main, ce qui
était le plus redoutable, un rouleau de papier.
Ce rouleau, dont nous essayions de mesurer
l'épaisseur, annonçait qu'avant de goûter
l'heure du départ, il faudrait subir l'heure
de l'éloquence. Donc la harangue commençait.
On nous appelait « jeunes élèves ». On condes-
cendait à nous expliquer — ce qui n'est pas
toujours vrai — que le temps du collège est
le temps le plus heureux de la vie. On citait
— en un négligé très préparé et ayant l'air de
choisir au hasard entre un grand nombre —
quelques vers de Virgile, le tout pour persuader
aux autres et se persuader à soi-même qu'on
n'avait pas oublié le latin. A cette époque
lointaine, on se piquait de ne pas ignorer la
mythologie, et souvent quelques dieux de la
fable s'intercalaient agréablement. La meilleure partie était réservée aux *grands*, c'est-
à-dire à ceux qui devaient partir, et l'on ne
manquait pas de les prémunir contre les
écueils dont était semée la mer orageuse du
monde et que sûrement ils n'éviteraient pas
s'ils ne suivaient les avis de quelque sage et
pieux *mentor*. Cependant ceux d'entre nous qui
avaient des montres — c'était alors le petit

nombre — les tiraient discrètement, inquiets qu'ils étaient pour le train. Les professeurs nous jetaient des regards mi-réprobateurs, mi-débonnaires ; et à leur appel, les plus sages se résignaient à marquer quelques signes de réjouissance. Enfin le dernier feuillet s'achevait ; alors les applaudissements éclataient et cette fois sincères, non à cause du discours, mais parce que le discours était fini.

Vous imaginez bien qu'ayant si peu d'illusions sur la popularité des discours aux distributions de prix, je devrais m'asseoir et me taire. Me taire, je ne l'ose. L'usage, la tradition veut un discours. Privilège ou cahier des charges, il faut que je parle. Puis mon discours, je l'ai écrit, et vraiment je ne puis le remporter. Du moins, je vous promets d'être court et — puisque nous sommes ici pour distribuer des prix — de viser à mériter un prix qui ne sera pas moins apprécié que les autres, le prix de brièveté.

**

Je voudrais développer devant vous une seule pensée, à savoir, les leçons que suggère, pour votre vie intellectuelle et morale, votre admirable Collège de Juilly.

Il y a une première leçon toute récente, que je voudrais d'abord mettre en relief. Nous remonterons après. Cette leçon, c'est celle que vous fournissent ceux de vos *anciens* qui, dans la dernière guerre, ont combattu pour la Patrie ; celle que vous fournit votre respecté Supérieur à la poitrine toute constellée de vaillance ; celle qui jaillit avec le sang des blessés ; celle qui se dégage de l'immense cimetière qui commence aux dernières dunes de la mer du Nord pour ne finir qu'aux marches extrêmes de Lorraine et où dorment leur dernier sommeil tant de morts bien-aimés, tombés jeunes, purs et glorieux. Je salue — et c'est avant tout le reste l'hommage qui s'impose à ma pensée et à mon cœur — je salue ceux qui, sortis d'ici, ont été les soldats de la France ; je salue plus bas encore ceux qui portent, en leur corps cicatrisé, les nobles stigmates de leur valeur ; je salue surtout — oh ! surtout — ceux qui, ayant appris dans la maison de Juilly non seulement l'art de bien vivre, mais la science de bien mourir, se sont donnés en oblation pour l'intégrité de la terre Française et de l'honneur Français. De ces morts héroïques plusieurs étaient à peine vos aînés. Vous les avez connus sur ces bancs ; leur image remplit encore vos yeux ; et leur cœur, leur âme revit en vos plus récents souvenirs. Voici que le trépas les a soudainement transfigurés, et à tel point qu'ils dépassent les plus grands de ceux qui ont passé dans cette maison. Voici que, dans les annales, pourtant si glorieuses de Juilly, ils tiennent une place d'honneur que rien ne leur ravira. Oui, ils resteront les premiers, tout de même qu'entre les Saints que l'Eglise honore, la première place est celle des martyrs :

Te martyrum candidatus laudat exercitus.

Recueillez, mes chers amis, la leçon que, du lieu où ils reposent, ces morts vous enseignent ; et dans votre vie qui commence, fixez pour jamais cette idée maîtresse, à savoir qu'il y a une vertu qui domine toutes les autres ; qui prime de haut la richesse, la naissance, la science, tous les dons naturels ou acquis, si précieux soient-ils ; qui agit comme par une grâce efficace et toute-puissante, sur les sociétés amollies pour les retremper, sur les peuples vieillis pour les rajeunir, sur les individus, même faibles ou coupables, pour effacer toutes leurs taches ; c'est la vertu du sacrifice quand le sacrifice va jusqu'à l'effusion du sang.

****

Maintenant, m'étant acquitté de l'hommage envers les héros, envers les martyrs, je puis remonter plus haut pour rechercher les autres leçons que doit vous suggérer le passé de Juilly.

Chez tous les grands peuples, il y a une époque heureuse qui est celle du plein développement et où s'épanouissent en moisson féconde tous les germes que les générations précédentes ont semés, souvent dans le doute, l'adversité, la douleur. Telle fut, pour la France, le XVIIᵉ siècle, époque privilégiée où les énergies un peu désordonnées et fiévreuses du siècle précédent sont comme captées et mises en pleine valeur, en un merveilleux épanouissement de sagesse bien équilibrée et de robuste virilité. La centralisation n'est pas encore devenue oppresion ; la toute-puissance monarchique n'a pas encore incliné vers le despotisme ; la politesse des mœurs ne s'est point encore colorée de courtisanerie ; la sève coule partout sans qu'on s'aperçoive de l'émondage excessif qui bientôt en tarira l'abondance. Et toutes les œuvres de l'esprit, les constructions elles-mêmes, se parent d'une solidité qui n'exclut ni la grâce ni l'harmonie, comme il convient à un peuple en plénitude de force et confiant dans sa durée. C'est en ce temps-là que votre Collège de Juilly s'éleva, ample et de grand aspect, à l'imitation du siècle lui-même, et bâti pour un long avenir. Il me semble que, fermant les yeux pour mieux ressaisir par la vision intérieure les images des choses, je revois dans les allées des jardins, dans les salles d'étude, ceux qui furent les premiers hôtes de cette maison. A quelque avenir qu'ils fussent destinés, barreau, charges de

judicature, manufactures, armée, clergé, diplo-
matie, je me les figure formant comme la
pépinière de ce que, sous Louis XIV et jusque
dans l'âge suivant, on a appelé les *honnêtes
gens*. Les *honnêtes gens*, il est plus aisé de les
suivre à la trace que de les définir. L'honnête
homme ne ment jamais : il a le souci d'un
double respect, celui des autres, celui de
lui-même : il met de la dignité dans ses occupations, de la dignité aussi dans ses loisirs : il
remplit sa vie, il ne la surcharge pas : il
s'applique à demeurer sain de corps et d'esprit,
sans ardeur fiévreuse, sans alanguissement
non plus : il a le goût inné des idées claires et
simples, et à leur lumière il marche dans la
vie d'un pas régulier et tranquille : il n'étale
jamais son savoir et se contente de le laisser
deviner : par-dessus tout il a le culte de
l'honneur ; et même au milieu de l'idolâtrie
monarchique, cet honneur, poussé jusqu'à la
superstition, suggère des accents de franchise
qui donnent, par intervalles, l'illusion de la
liberté. — Vos anciens d'il y a deux siècles
ont reçu ces enseignements et se sont préparés
à réaliser ce modèle. — Ai-je fait un rêve,
mes chers Enfants ? Je voudrais que, dans
le séjour en cette demeure, quelque chose de
ces lointaines influences ancestrales pût, par
transmission, vous pénétrer et revivre en
vous. Je sais bien que notre société démocra-

tique se prête mal à la reconstitution de ces nobles existences. Et pourtant oserai-je vous demander de faire effort pour réaliser ici, comme l'ont fait vos devanciers, le type de l'*honnête homme*, afin de le réaliser plus tard dans la société ? Soyez courtois entre vous, accueillants pour les nouveaux venus, ce qui est l'une des formes les plus appréciables de la bonne éducation et de la charité ; ayez horreur de ces grossièretés mêlées de pasquinades et de platitude où se reconnaissent les écoliers mal élevés qui ne cessent d'être gauches que pour être insolents. Vis-à-vis de vos maîtres, pratiquez cette aisance simple, cette confiante franchise qui est déférante toujours et n'est jamais servile. Bien entendu ne mentez jamais, et rappelez-vous que le meilleur moyen d'être toujours un homme d'honneur, c'est d'avoir commencé par être un *enfant d'honneur*. C'est pareillement dans la direction de votre travail que vous gagnerez à vous inspirer des méthodes qui guidaient ceux qu'on appelait les *honnêtes gens*. Ils travaillaient avec suite, mais se gardaient de travailler fiévreusement ou de travailler trop : ils pratiquaient cette précieuse faculté d'attention, un peu négligée aujourd'hui, et qui permet de beaucoup retenir sans se fatiguer à l'excès : quand ils lisaient, c'était toujours avec soin et sans se contenter de survoler les livres. — Imitez autant que possible ces préceptes. Le meilleur écolier n'est pas celui qui travaille le plus, mais celui qui travaille le mieux. Le bon travailleur sait poser la plume, fermer les yeux, réfléchir. Il sait réclamer ses heures de repos, et le maître vraiment sage ne manquera jamais de les lui accorder, de les lui offrir même, avec la plus bienveillante, la plus paternelle libéralité. Il ne s'encombre pas de notions superflues ; mais il s'attache à quelques idées simples, nettes et — ce qui est un grand signe de jugement et d'intelligence — néglige tout ce qui ne réussirait qu'à lui embroussailler l'esprit. Il sait mettre du jour dans ses études comme la coupe du menu taillis met de la clarté dans les bois. A ce compte sera-t-il toujours le premier ? Je n'en réponds pas. Sera-t-il bachelier à 15 ans ? Je ne sais et, pour son avenir, j'espère que non, les fruits lentement mûris de l'automne valant mieux que les fruits forcés de la Saint-Jean. Seulement, à l'imitation de ces honnêtes gens dont je parlais tout à l'heure, il aura étudié suivant nos bonnes et vieilles méthodes de France, à tête bien reposée, sans pédantisme, sans aucune des superfluités de l'érudition. Dans l'adolescent l'homme aura été préparé, de cerveau bien sain que rien n'aura surchargé, ni faussé, ni anémié d'avance. Et toute sa vie, cet adolescent pourra tra-

vailler avec suite, avec fruit, avec fécondité,
parce qu'au Collège il aura emmagasiné
sagement, sans excès de labeur, sans surmenage, les notions générales autour desquelles,
sans effort, tout le reste, plus tard, viendra
se grouper.

***

Par un autre côté, cette belle maison de
Juilly doit être inspiratrice pour votre vie.
Avec ses amples proportions, ses futaies, ses
pelouses, ses objets d'art, ses souvenirs, elle
évoque, par la leçon la plus suggestive, l'idée
de la tradition. Je me rappelle l'impression
que j'éprouvais quand un matin, il y a plus
de quarante ans, allant en Angleterre pour
la première fois, j'entrai dans la cité universi-
taire d'Oxford. Nous n'avons chez nous ni
Oxford ni Cambridge. Mais si, en quelque
coin de France, on pouvait en trouver l'image,
ce serait bien en ce lieu où nous sommes
réunis. Il semble que quiconque a vécu ici
a dû y puiser le goût des choses qui se trans-
mettent, c'est-à-dire ce sens profond de
l'hérédité matérielle et morale qui constitue
le vrai *traditionalisme*. Le vrai traditionnel,
quand il construit, n'a pas seulement en vue
lui-même, mais les générations qui suivront.
Il plante, même octogénaire, comme le vieillard

de La Fontaine. Il a le culte de la terre, sachant que c'est par l'attachement au sol que les familles grandissent, se stabilisent et se perpétuent. Il n'abat point, mais il répare. Il honore la vieillesse dans les monuments, dans les œuvres d'art et dans les hommes. Il se plaît à garder tous les souvenirs de ses parents, pour des enfants qui observeront la même piété filiale envers lui. Il peuple sa maison d'objets intimes, familiers, doux, qu'on ne vendra point, qu'on ne dispersera point et qu'on aimera presque comme des êtres vivants. Des déclamations démocratiques qui voudraient tout niveler, il sourit avec un dédain tranquille, sachant bien qu'il faut dans les sociétés des tailles dominantes comme il faut des phares sur les côtes et de grands arbres dans les bois. Il aime d'un amour égal l'autorité et la liberté, tant il est persuadé que l'une est la gardienne de l'autre et que, si on les sépare, elles périssent toutes deux ! Sa demeure est pour lui forteresse, — car il est homme de jalouse liberté — sanctuaire aussi — car s'il a la fierté de son foyer, il en a plus encore la tendresse ; que s'il est obligé de quitter cette demeure, c'est vers elle qu'il regarde, et c'est près d'elle qu'il voudra revenir pour y dormir son dernier repos. — Puissé-je, mes chers Enfants, être écouté en exprimant le vœu que, par une pénétration lente, insensible, mais sûre, cette belle maison de Juilly, près de trois fois séculaire, vous communique une portion de ce qu'elle incarne en elle, c'est-à-dire le goût de la durée, le dédain de ce qui s'écrit ou se bâtit sur le sable, une forte et saine notion du respect et aussi de l'indépendance, l'aspiration enfin à reproduire dans votre propre existence quelque chose de ce que vous avez vu ici.

*\
*

Si, à Juilly, les murs ont leur éloquence par tous les souvenirs qui y sont gravés, combien se dessinent en un plus vigoureux relief ceux qui ont été les premiers instituteurs de cette maison ! Ils appartenaient à cette belle congrégation de l'Oratoire, sage et aimable, philosophique et lettrée ; assez recueillie dans la méditation pour atteindre, s'approprier, défendre l'intégrale vérité, et assez mêlée au monde pour le pénétrer ; Française avant tout à la manière d'une association née en pleine terre de France ; polie de mœurs et exquise d'urbanité à la façon du grand siècle ; tolérante, de cette tolérance qui n'est ni indifférence ni dédain, ni surtout abdication ou énervement de la foi, mais suprême respect de Dieu lui-même, attentif à respecter partout la liberté de ses créatures. Tels furent les premiers maîtres qui ont marqué ici leur empreinte ; et si je suis bien informé, cette empreinte est demeurée intacte. Laissez-moi vous demander de mettre à profit, pour votre intelligence et votre âme, tant de lumières et tant de sagesse. Juilly offre cette chance heureuse qu'en ces temps de population scolaire très dense, on y a échappé à l'entassement. De là bien des avantages : une atmosphère plus saine, une discipline plus douce, une image un peu plus ressemblante de la famille agrandie ; puis, entre l'éducateur et ceux qui reçoivent l'éducation, une communication plus continue, plus confiante, plus intime, en sorte que le maître apparaît moins comme un maître que comme un paternel initiateur à la science et à la sagesse.

Quand les maîtres sont si excellents, il n'appartient pas aux étrangers de donner des conseils. Permettez-moi pourtant — bien modestement et en m'excusant par avance — de vous suggérer deux avis. — Le premier est de vous appliquer à fortifier en vous le sentiment du devoir, c'est-à-dire à pratiquer le travail et à observer les règlements, non par intérêt ou par crainte, mais parce que telle est la loi que votre conscience vous impose. Ainsi vous vous formerez, par une initiation progressive, en remplissant tous vos devoirs d'écoliers, à remplir plus tard, avec le même souci de perfection morale, vos obligations familiales ou professionnelles. Je voudrais que toute l'éducation du collège concourût à un but : élever si haut l'idée du devoir que la pensée d'y avoir manqué fût, à elle seule, un châtiment et qui dispenserait à jamais de tous les autres. — Souvent j'ai entendu vanter le stimulant de l'émulation. Je n'en conteste pas les avantages. Cependant je garde quelque doute sur une méthode qui, pour vaincre ce péché capital qui est la paresse, s'évertue à surexciter outre mesure l'amour-propre, ce frère cadet d'un autre péché capital qui est la vanité, et ce cousin germain d'un troisième péché capital qui est l'envie. Considérez bien que l'émulation — c'est le nom adouci dont on se sert — est bien proche de la rivalité. Ne craint-on pas, en tendant à l'excès ce ressort, d'exaspérer chez les enfants le goût de se comparer, de se mesurer, de se devancer, à tel point que, dans la suite de la vie, se rencontrant sur le même chemin, ils seront plus tentés de se distancer et même de se combattre que de travailler en commun pour le bien public. Combien sera plus pure, plus féconde l'idée du travail et de la sagesse pour la joie intime et l'honneur du devoir accompli ! Je ne l'ignore pas, cette idée abstraite du devoir est bien austère, bien aride pour une âme d'enfant. Heureusement cette doctrine austère s'amollit, s'humanise, se remplit de douceur pour quiconque s'est accoutumé à regarder en haut et à marcher à la clarté de cette belle lumière qui éclaire tout homme venant en ce monde. — Ainsi du premier avis un peu sévère qui est le culte du devoir, j'arrive au second avis qui est le devoir pour Dieu. C'est en effet à cette idée de Dieu qu'il faut revenir ; car Dieu est le tout de l'éducation. Pour rendre plus sensible cette pensée, souffrez que je vous rapporte une courte anecdote que j'ai entendu attribuer à saint François de Sales. On lui parlait d'une jeune fille à marier et, comme il arrive toujours pour les filles à marier, on lui en vantait les perfections. « Elle est riche, disait-on. — Inscrivez un zéro, dit le saint. — Elle est illustre de naissance. — Mettez un second zéro. — Elle est instruite. — Mettez un troisième zéro. — Elle est belle, bien faite et danse à ravir. — Mettez un quatrième zéro. — Elle est bonne, pieuse et volontiers soigne les pauvres pour l'amour de Dieu. » Alors le saint de s'arrêter et de dire : « Mettez un chiffre devant les zéros. » — Mes chers Enfants, le devoir tout seul représente une notion qui, à force d'être aride, risque de demeurer stérile, à la manière du zéro isolé dont parlait saint

François de Sales. Mais que la pensée de Dieu qui voit, qui guide et qui soutient, domine notre esprit, pénètre nos cœurs ; et alors tout change, tout devient facile, tout s'éclaire de rayons radieux. La foi au Dieu de l'Evangile, c'est le souverain adjuvant du devoir ; c'est, comme pour la jeune fille dont parlait saint François de Sales, le chiffre qui donne la valeur au zéro.

***

Je m'étais vanté, en commençant, de mériter le prix de brièveté ; je crois bien que je l'ai perdu, et je dois bien vite m'asseoir si je veux seulement garder un accessit. Je me hâte donc de finir. On va distribuer des récompenses. Il y aura des privilégiés, et d'autres dont les mains demeureront vides. Je supplie ceux qui ont des prix de ne pas se croire propres à tout et ceux qui n'en ont pas de ne pas se croire bons à rien. Que les premiers complètent et parachèvent leur succès par leur modestie ; que les seconds demeurent persuadés que le temps perdu peut se réparer, et que, dans la vie qui est longue, les chances sont aussi nombreuses que variées pour quiconque sait pratiquer le travail et la bonne conduite. Peut-être, parmi ceux qui m'écoutent, y en a-t-il quelques-uns — oh ! bien peu, j'en suis sûr — qui pourraient répéter ce joli mot du maréchal Saint-Arnaud parlant de sa jeunesse : « Je suis venu un peu tard à l'appel le jour où l'on distribuait la sagesse. » Que ces retardataires ne se découragent pas ; qu'ils se disent bien que les appels où la sagesse se distribue se renouvellent à de fréquents intervalles et qu'il n'est jamais trop tard pour s'y présenter ; qu'ils soient surtout bien persuadés — et c'est là mon dernier mot — que leurs maîtres, à l'exemple du divin Maître de l'Evangile, sont toujours disposés à accueillir à bras ouverts, même les ouvriers de la onzième heure.

TABLE DES MATIÈRES

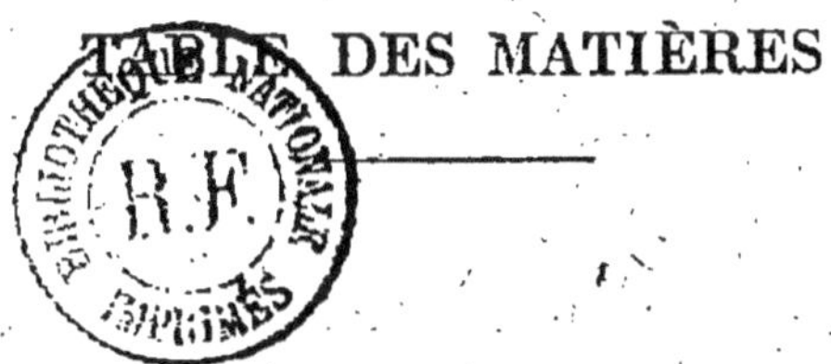

625-20. — Imp. des Orphelins-Apprentis d'Auteuil,
40, rue La Fontaine, Paris.